JN045292

［復刻版］

天孫人種六千年史の研究

三

[復刻版]

天孫人種六千年史の研究

三

奪われし日本【復活版】シリーズとは？

「友は強し」を合言葉に、必要な書籍を必要な方へ――たとえ100部からでもお届けする！　そんな出版社「ともはつよし社」が企画した書籍をヒカルランドが販売していく――必然のコラボレーション！　それが「奪われし日本【復活版】シリーズ」です！　きびしい出版業界の中で「志」一本でお届けする珠玉の作品群――ご愛顧のほど、よろしくお願い申し上げます♪

天孫人種六千年史の研究 三 目次

一　目次

緒言……研究方針……天孫人種はスメル人の系統……日本原始民族構成人種……スメルの地は人類原始的故郷と信ぜらる……バビロニア文明は世界東西文化の基礎……スメル國名の起因……天皇の尊號……皇國……バビロニアの日像鏡、月像頸飾、武神の表像劒……三種神器……菊花紋章……スメル國は神宮を都市の中心とす……バビロニアの神名……日本に於けるバビロニアの神と氏族……日本の國號オホヤマト、秋津洲、伊豫二名洲、筑紫洲……海神を祖神、日神火神を祖先といふは原始思想……我が國に於けるバビロニアの神職名……皇室の所祭神……外宮を先づ祭祀せられ陛下の先づ御參拜ある原因……スメル人の宇宙觀……天孫人種語の變化……日本の國號大倭の一稱日高見國は日神國の義……日本語の複雜……高天原説

スメル人のバビロニア定住……スメル國の沿革……スメル文明は土地の環境にも原因する……バビロニアの本國はスメル、アッカドの二州より成る……アッカド州の都市名……スメル州の都市名……バビロニア都市の主神……光明教と日本神道及國民性の一致……スメル時代神宮の構造……風俗習慣の酷似……左右尊卑思想の一致

バビロン第一王朝……一夫一婦主義はスメル人の理想……スメル人海國建設の動機……スメル文明の退化……スメル語の廢絶……スメル人の記字法は東洋流……カシット王朝……アッシリア時代……スメル人の海國バビロニア、アッシリア封鎖……新バビロニア王國……

第二　天孫人種傳統思想の本源

〔二〕目次

宇摩志麻治命の語原

饒速日命

第二篇　天孫人種系氏族と所祭神

第三段　職掌を稱ふる氏族

第一章　物部連宇摩志麻治族と物部神

第一節　宇摩志麻治は禁厭を掌る神職名

物部連は古代權貴なる氏族として、殊に皇室より先に天降の神話あり、チアム族たる大和の長髄彦（チアム語の天龍の義）は物部連の祖饒速日命を奉じて君と爲し、神武天皇の長髄彦討伐の時、天神の子豈兩種あるべからずといひ、遂に饒速日の表物たる天羽羽矢及歩靫と、天皇の天表たる天羽羽矢及歩靫とを比較するに、共に天物たりしと神武紀に記されてある。

物部は古來武夫部に解せられたるも斷じて然らず。饒速日命の子宇摩志麻治命の名義は、セミチック・バビロニアン語のマシマシ（Masi masi）又はマシマシュ（masi mashu）で禁厭を司る神職の名稱、ウは助辭、饒速日のニギは同語のニグ（Nik）で神饌供物、犠牲の義、速はチアム語の光榮の義、日は倭人語のヒ（日）又はヒ（火）の義であらう。かく饒速日の名稱は異語の混用なるが故に比較的新しい名稱であるが、宇摩志麻治は全くバビロンの原語を傳へたる古名である。石見國物部神社を始め饒速日を祀らずして、宇摩志麻治を祭るは、マシマシの神を原始の祖神としたることが證せられる。此の連が禁厭を掌りたることは舊事紀に、

磐余彥天皇（神武）肇即位、宇摩志麻治命奉二献天瑞寶一。乃先考饒速日尊自レ天受來天璽瑞寶十種、是所謂瀛津鏡一、邊津鏡一、八握釼一、生玉一、足玉一、死反玉一、道反玉一、蛇比禮一、蜂比禮一、品物比禮一是也。天神教導者有二痛處一者、令レ並二十寶一、謂二一二三四五六七八九十一而、布瑠部由良由良止布瑠部、如レ此爲之者、死人返生矣、即是布瑠之言本矣。

とありて、禁厭を掌ることが符節を合するが如く相一致する。古來物部連が禁厭と鎭魂を掌るといふは本來禁厭と鎭魂實は表裏であるから一致する。然れば物部連は皇室と同人種なれども、君主族にあらずして、之れは禁厭を掌る神職であつた。舊事紀に、極力皇別冒稱を企で饒速日命を火明命と同神と爲せしも、姓氏錄に、火明命の子孫は天孫部に收れ、宇摩志麻治の子孫は天神部に加へたるは當然である。

第二節　物部の語原

物部の言義は、琉球語で巫覡を「物知」りといひ靈魂に通じたる人といふ義である。中古の物語にある「物の怪」といふ語は靈の怪の意と知られる。大三輪の大物主神は靈の主といふ義で、紀一書に、此の神を大巳貴神の幸魂奇魂とあるはそれを語つてゐる。坪井九馬三博士に依れば、朝鮮ツングース族出雲派は先づ伯耆に上陸して神山（日下か大山）の麓を根據とし、神山の大神なる大物主（大精靈者の義）を主神として奉戴し、大に武威を輝かした（史學雜誌、太古に於ける中國參看）とある如く、靈を物といふはツングース語である。姓氏錄に「右京天神、神麻續連、天物知命之後也」と載するは其の系統と知られる。部はチアム語のBet雜人の義、名草戸畔のべはセミチック・バビロニアンのベル（Bĕl）の下略で、首長、主神等の義であるが、物部の場合はチア語の雜人の義である。それは崇神紀に「物部八十手所レ作祭神之物……」。また倭姫命世記に「神館造立物部八十友諸人等率ヲ雜ノ神事取總捧」と見え、靈の雜人の義と知られ、この物部の頭領を物部連といふ譯である。

物部は神部の稱號

第三節　物部連は本來神祇の職

物部は古來何人も武夫部で、本來武人の稱とられてゐるが、それは大變な錯誤である。崇神垂仁紀等によるも、決して武夫の義にあらずして神部の稱號であった。先づ崇神紀七年の條に次の如く記されてある。

以大田田根子命、爲祭大物主大神之主……乃卜使物部連祖伊香色雄爲神班物者吉之。又卜便祭他神不吉。……命伊香色雄、而以物部八十手所作祭神之物、卽以大田田根子爲祭大物主大神之主。又以長尾市爲祭倭大國魂神之主、然後卜祭他神吉焉。便別祭八十萬群神、仍定天社國社及神地神戸。

と載せ、物部連の祖伊香色雄は、神班物の長卽ち神祇の長で、其の率ゐる所の物部八十手は、祭器を作る職掌であって斷じて武人ではない。また倭姫命世記に、

活目入彥五十狹茅天皇（垂仁）廿六年丁己冬十月甲子、奉遷于天照大神於度遇五十鈴

河上一留、今歳倭姫命詔二大幡主命、物部八十友諸人等一、五十鈴原乃荒草木根刈掃比、……大宮杜廣敷立天天照大神並荒魂宮和魂宮止奉二鎮坐一。……爾時天皇聞食氏、卽大鹿島命祭官定給支、大幡主命神國造兼大神主定賜支、神館造立物部八十友諸人等率雜神事取總捧天太玉串供奉。因興二齋宮宇治縣五十鈴川上大宮際一、令二倭姫命居一焉。

とある物部八十友諸人は決して武人でなくして神部、忌部、神人などの稱である。然れば當時忌部氏の職掌は全く物部連が掌る所で、物部卽ち忌部神部の稱たることが肯定せられる。神部はチアム系の語で、物部はツングース系の語である。

太玉命の裔たる忌部氏は本來イムベ卽ちエンベル（Enbēl）で、エンはスメル語の祓詞の義、ベルはセミチック・バビロニアンの首長の義で、エンベルは祓詞を申す神職である。そのエンベルをモン・クメール語のイム（ymu）に誤解し、漢字渡來に依りて忌部の字を宛て、幣帛を調度する職掌に轉換するに至つた（其章參照）。崇神垂仁頃は太玉命の裔は神祭の幣帛を掌らずして物部の職掌であつた。卽ち當時はツングース語を以て物部と稱へられた。尤も當時忌部首、中臣連は皇室の神祭を司り、物部連はツングース系經津神劍を主祭し且つ一般神祇の職を司つた。

物部連は神祇に參與して軍事に關係せず

かくて崇神紀に四道將軍を遣されたることを記して、

以二大彦命一遣二北陸一、武渟川別遣二東海一、吉備津彦遣二西道一、丹波道主命遣二丹波一。因以詔之曰、若有二不レ受レ教者一、乃擧レ兵伐之。既而共授二印綬一爲二將軍一。

と見え、物部氏は武事に關與せしことなく、却て同紀六十年の條に、武日照命の天より將來の神寶、出雲大社に藏するものを見給はんとして、物部連同祖の矢田部造の遠祖武諸隅を遣され、而して出雲振根の反逆によりて、吉備津彦と武渟河別を遣して振根を誅せられた。これによるも物部連は神寶に參與して軍事に何等關係を有しなかつた。また垂仁紀二十六年の段に、

天皇勅二物部十千根大連一曰、屢遣二使者於出雲國一、雖レ檢二校其國之神寶一、無二分明申言者一、汝親行二于出雲一、宜二檢校定一、則十千根大連校二定神寶一、而分明奏言之。仍令レ掌二神寶一也。

と見えて、出雲の神寶を掌つた。同紀八十七年の條にも、

布都劒は崇神の朝宮中より石上に移さる

> 五十瓊敷命謂二妹大中姫命一曰、我老也。不レ能レ掌二神寶一、自今以後必汝主焉。大中姫命辭曰、吾手弱女人也。何能登二天神庫一耶、……然遂大中姫命授二物部十千根大連一而令レ治。故物部連等至二于今一、治二石上神寶一是其緣也。

と載せ、舊事紀に、

> 饒速日命六世伊香色雄命、此命春日宮御宇天皇御世以爲二大臣一、磯城瑞籬宮御宇天皇御世詔二大臣一爲レ班二神物一定二天社國社一、以二物部八十手所レ作祭神之物一、祭二八十萬群神一之時、遷二建布都大神社於大倭國山邊郡石上邑一、則天祖授二饒速日尊一自レ天受來天璽瑞寶、同共藏齋。號曰二石上大神一、以爲二國家一亦爲二氏神一、崇祠爲レ鎭。

と記して、崇神天皇の朝伊香色雄の時に布都劒は石上に遷されたとある。宇摩志麻治命が神武天皇に仕へて以來世々宮中に於て布都魂の神劒の護衛祭祀に任じたるにより、崇神の朝神劒を石上に鎭祭せられても猶之れが祭祀を掌り、又神庫の監督をも兼ねたるは祭司の職なるが故で

物部連の軍事刑事に携る初見

ある。然るに舊說に、石上の神庫を以て武器庫と解し、之れを掌る故に物部と稱し、軍事の柄自ら其家に歸すといふは採るに足らぬ。

又石上神宮を物部連の氏神と爲すは、饒速日將來の瑞寶即ちマシマシ（禁厭）の神器も共に祭祀せるに據る。舊事紀に「饒速日尊天降時、率二天物部等二十五人一供奉降、皆帶二兵仗一供奉。今武士稱二物部一者起二於此一」とあるは後世の迷誤である。古語拾遺、神武の段に「饒速日命帥二内ノ物部一、造二備矛盾一」とあるも亦誤解で、其の内物部とは神武の朝より朝廷の神政に參與し、内の靈部として祭政を司りたる次第である。物部大連の稱號は垂仁紀二十六年物部十千根大連とあるを初見とするも、神權俗權に參與するは、勿論以前よりで、當時始て大連の號を授けられたるまでゝある。それは崇神紀「七年卜下使二物部連祖伊香色雄一爲中神班物者上」とも、垂仁紀八十七年に、大中姬命に替りて物部十千根大連を石上奉仕の長に任ぜられたるに依りて察知せられる。

而して物部氏が軍事刑罰の事に携りたることの初見は、雄略紀七年の段に「天皇遣二物部兵士三十人一、誅二殺前津屋並族七十人一」。また十二年の段に「天皇便疑三御田奸二其采女一、自念レ將レ刑、而付二物部一」。また十三年の段に、天皇聞以二齒田根命一、收二付於物部ノ目ノ大連一、而使二責讓一」。また十八年の段に「遣二物部莬代宿禰、物部目連一以伐二伊勢朝日ノ郎一……物部目連自執二太刀一、

靈部を武夫に誤解せる原因

石上の神劒

使二筑紫聞物部大斧手一執レ楯、叱二於軍中一倶進」とあるが、初めであるのは意外であらねばならぬ。然れば諸國に散在する物部の中には、古代に屬するものは神職の名稱で、雄略比よりの物部は軍事刑事に携はる久米部と同職の武夫部なることが察知せらるゝと共に、靈部を、武夫に解せらるゝに至つた原因は、神社に付屬する神兵を率ゐる靈部より生したる語なる由が肯定せられる。

石上の神劒は古事記に、神武東征して熊野に至り給ひ、皇軍皆邪氣に觸れ困臥せし時、武甕雷神、平二其國一之横刀可レ降とて、之れを高倉下の献するに依りて猛然醒起さるとある。平國の太刀は布都御魂とも佐士布都ともいひ、後出雲派が前出雲派を平定したる軍神たる神劒であつて、今之れを献ずるは、其の忠誠を物語るものである。高倉下の倉は闇龗のクラと同語、坪井博士に因るに南洋セマング語の蛇の義、下はチアム語の敬語で、蛇神を祭りたる氏族の稱と知られる。

第四節　異姓の氏族も物部連を稱ふ

古代は神職をツングース語で靈部と稱へた。中古中臣氏が神職の頭たりしが如く、古代は宇摩志麻治系の物部連が靈部の頭領であつた。然るにチアム語や、倭人語、支那文字によりて神

神政時代の豪族は一面靈部

紀伊國造族も物部連を稱ふ

皇別の物部首

部、忌部、祝部等の言語文字を以て記載せられて、遂に物部の名は武夫部に誤解せらるるに至つた。古代の豪族は神政を行ふによりて、一面靈部たるが故に後世も舊稱を以て氏稱となすものが少くない。姓氏錄に、

和泉國天神、物部連、神魂命五世孫天道根命之後也。

とあるは、天孫人種系、紀伊國造の一族であつて、宇摩志麻治系統でなく、且つ武士の義でなく祝部の古名と知られる。垂仁紀三十九年の條に、

一云五十瓊敷皇子居㆓于茅渟菟砥河上㆒、而喚㆓鍛名河上㆒、作㆓太刀一千口㆒、是時楯部、倭文部、神弓削部、神矢作部、大穴磯部、泊橿部、玉作部、神刑部、日置部、太刀佩部、幷十箇品部、賜㆓五十瓊敷皇子㆒、其一千口太刀者、藏㆓于忍坂邑㆒、然後從㆓忍坂㆒移㆑之、藏㆓于石上神宮㆒。是時神乞之言、春日臣族名市河令㆑治、因以命㆓市河㆒令㆑治。是今物部首之始祖也。

とある春日臣族の物部首は、姓氏錄に「攝津皇別、物部首、大春日朝臣同祖也」とあるを、「左

伊豆國造も物部連を稱ふ

京皇別、大春日朝臣、出自孝昭天皇皇子天足彦國押人命也」とありて、これ亦宇摩志麻治系統ではない。猶左京皇別に「物部、天足彦國押人命七世孫米餅搗大使主命之後也」。また「物部、物部首同祖……」と載せて同族である。

その他國造本紀に、

伊豆國造、神功皇后御代物部連祖天蕤桙命八世孫若建命定賜國造。

とある天蕤桙命は宇摩志麻治の系統でなくして、小市國造が祖先として祭る御鉾神、安曇連の祖穗己都久命に同じく火神である。故に此の物部連といふも一般神部の舊稱と知られる。然れば國造本紀に物部連祖とのみ記して同祖とは記されてゐない。伊豆國造の祭る三島神、小市國造の祀る伊豫三島神、賀茂建角身神は三社同神といふ舊説の如く共に海神なる點よりするも、伊豆國造を物部連祖天蕤桙命の後といふは、紀伊國造の一族を物部連といふに同じく異姓なることは勿論である、神祇志料に、

按國造本紀に、小市國造、珠琉河國造、伊豆國造、共に物部連同祖にて、本國

越智郡大三島に大山積神社あり、駿河富士郡淺間神社、伊豆賀茂郡三島神社並に大山祇命を祭るは極めて故こそあるべけれ。此神もとより物部氏に由縁ありて、其同族の住る所に祭られたる歟、若しくは同名異神にて物部連の祖神を殊にしか稱へて祭れる歟。

小市國造も物部連同祖を假冒

と、栗田博士の疑へるは尤で、原始史の神祕を開きて始めて此の疑問は氷解するのである。併し氏が伊豆國造を物部連同祖といふは不用意の誤記であるが、小市國造を物部連同祖といふ傳說の如きも、其の祭る所の伊豫大山積神社は海神ヤーが祀られ、小市國造は日神ウツの轉で日神氏族であり、古代神政時代に於て日神と海神とを並祭せし爲に、當時一般ツングース系の國語を以て靈部と呼稱せられ、遂に饒速日系統に錯誤せしに過ぎぬ。或は中古以來の神職が中臣を假冒せし如く冒稱であらう。上古門伐を重ずる時代に於て系圖の假冒は公然の秘密であつた。允恭紀に、盟神探湯を以て姓氏の詐冒を正されたるに因るも人種の研究に歷史時代の記述を以て直に信憑とするは極めて危險である。平氏盛なれば平氏を冒し、源氏盛なれば源氏を冒し、德川時代に外樣藩主等の殆擧つて松平姓を表面名乘りたるが如きは近き例證である。

珠琉河國造と淺間神社

珠琉河國造は饒速日系統なるや、異姓なるや明かでない。從つて駿河の淺間神社の創祠者は不明であるが、淺間は安蘇と同語アイヌ語の火山の義、富士も火の義である。併しアイヌ族所

風早國造も物部連同祖を冒稱す

祭の火神では無く、必ず珠琉河國造の祭るところであらう。古來祭神は明でない。それを近世大山積神の子木花開耶姫といふは固より信ずるに足らない。又伊豫風早國造を物部連同祖と爲すも、之れ亦決して宇摩志麻治の系統ではない（其章參照）。

第二章　忌部首、中臣連、天日鷲神

第一節　忌部首と所祭神

一　忌部首は本來祓詞を讀む神職

忌部は齋部とも記し、舊說に神に忌み淸まはりて奉仕する職となすも、こは倭人語系の國語を以て解釋せんとするものである。原田氏によれば、イムベは本來エンベル

En　bēl

忌部に人種的二派あり

の略轉で、エンはスメル語の祓詞の義、ベルはセミチック・バビロニアンの首長の義、エンベルは祓祠を述ぶる神職の名稱である。バビロニア新古語の混用は、スメル語を宗敎上の用語として後世まで用ひたるによりて怪しむに足らぬ。併し古語拾遺に「天目一箇命、筑前伊勢兩國忌部祖也」とある忌部は、モン・クメール語のイム（Ymu）、忌む義で卽ち物忌部（靈忌部）の稱であって本來ツングース系統であるから、此の忌部首とは系統を異にする。エンベと忌部と類語なるによりて誤つて混淆せる譯であるが、本來は祓詞を申す神職名である。ベルのルは流音で下略するが常である。

然るに古事記に、太玉命は布刀御幣を供へ持ち、天兒屋根命は布刀詔戸を禱白すとあるによりて、普通に中臣は祝祠を、忌部は幣帛を司る職掌の如く解せられたるは甚しき迷誤である。それは日本後紀大同元年八月の段にも下の如く載せられてある。

先是、中臣忌部兩氏、各有二相訴一。中臣云、忌部者本造二幣帛一、不レ申二祝詞一。然則不レ可下以二忌部氏一預中幣帛使上。忌部氏云、奉幣祈禱是忌部之職也。然則以二忌部氏一爲二幣帛使一、以二中臣氏一可レ預二祓使一。彼此相論、各有レ所レ據。是日勅命、據二日本書紀一、天照大神閉二天盤戸一之時、中臣連遠祖天兒屋命、忌部遠祖太玉命云々、相與致二祈禱一者。然則、至二祈禱事一中臣忌部並可二相預一。又神祇令云、其祈年月次祭者、中臣宣二祝詞一、忌部班二幣帛一、踐祚之日、中臣奏二天神壽詞一、忌部上二神璽鏡劒一云々。宜三常祀之外、奉幣之使、取二用兩氏一、必當二相半一、自餘之事、專依二令條一。

と見え、忌部氏の主張は奉幣祈禱が忌部の職掌といふことである。然して兩氏の爭論に對して、日本書紀の天磐戸の段の「相與祈禱」とあるを證據として勅裁せられた。中臣氏は次說の如く神供を掌る神職名である。古語拾遺に「令二太玉命捧持稱讚一。亦令二天兒屋命相副祈禱一」とあるは、啻に忌部宿禰廣成が鬱憤を晴す一時の感情からのみではない。

日本書紀、神代上卷第二の一書に「忌部遠祖太玉者造レ幣……。中臣遠祖天兒屋根命、則以神祝祝之」。また同下卷第二の一書に「乃使下太玉命以弱肩被二太手繦一、而代御手以祭中此神上者、始起二於此一矣。且天兒屋命主二神事之宗源一者也。故俾下以二太占之卜事一而奉仕上焉」と記し、忌部氏を卑下して太玉と書捨て、中臣氏を神事之宗源と記すに據るも、此の一書は中臣氏の家牒としか思はれない。古事記も中臣系や出雲系の手に依りて作爲せられたる疑がある。古事記は和銅中の勅撰といふも、此の書名は日本書紀以下の國史や野乘にも見えずして僅に日本紀弘仁私記に見えてゐる。之れ古事記は古語拾遺に對する中臣氏の作といふ論があるが、併し余は古事記が和銅中の勅撰たるの證據薄弱なるを悲しむと共に、日本書紀本書の益光輝あるを欣ぶものである。

二　太玉命と天比理刀咩命

太玉命は海神

忌部氏の祖神太玉命の玉は、セミチック・バビロニアンのタマト（Tamat）の下略、海また海神の義、タマを玉字に解し幣帛の義に想像するは迷誤である。古語拾遺に「天富命更求沃壤、分阿波齋部、率往東土……阿波忌部所居、便名安房郡。天富命卽於是地立太玉命社、今謂之安房社」。また延喜式に「安房國安房郡安房坐神社」とある安房は、既説の如く海岸の義で海神たるに一致する。

后神天比理刀咩神社は火神

式に安房坐神社の次に后神天比理乃咩命社とあるは、續日本後紀に、第一后神天比理刀咩命社と載せ、比理は倭人語のヒ（火）ヒラ（枚聞神社、枚岡神社）と同語火神で、刀はツと同語助辭ノの義、咩は火神たるナブを丹生都比咩神といふ如く女神に誤解して遂に后神といふに至つた。神祇志料附考に引く洲宮村洲宮神社の神主家の系圖に「天比理乃咩命一云稚日女命、天太玉命后神」とありて、稚日女卽ち火神といふ傳說は原始史と一致する譯である。故に海神火神並祀である。姓氏錄に「齋部宿禰、高皇產靈尊子天太玉命之後とあるは、紀伊國造を神魂命の裔といふに同じく後世の作爲である。

第二節　中臣連と所祭神

一　中臣連は本來神饌を掌る神職

中臣氏の言義は、延喜式祝詞に「大中臣茂桙中執持弓」。また天平寶字中の本系帳に「高天原初而皇神之御中、皇御孫之御中執持、伊賀志桙不レ傾二本末一、中良布留人、稱二之中臣一」と記し、古來神と君との間に立つ義と解せられたが、併しこは倭人語と其の思想とを以て古事附けやうとするもので、決して天孫人種系言語を解釋すべき方法ではない。原田氏に據るに中臣はナグツアミル

Nak　amir

で、ナグはスメル語の犠牲の義、アミルはセミチック・バビロニアンの人若しくは徒の義。之をナグベルといはずしてナクツアミルといふは訝かしきに似たるも、後世奴隷の生ぜし以來アミル

臣はアミルの略轉

の語は非常に尊敬せられ優等階級を意味するに至り往々ベルに代へて用ひられた。我國のオミ(臣)はアミルの略轉であらう。然れば中臣は神に神饌を献供する職を掌る神職の名稱である。或は中臣はナグウトオミで、日神鎭祭の臣の意なるべく想像せらるるも然らず。中臣氏の祖神を津速魂、興登魂などいふは後世チアム語、ツングース語、倭人語系國語を以て作爲せられたるに過ぎぬ。

二　枚岡神と春日神

枚岡神社は火の岡の義

天兒屋根命は火神

中臣連の一族平岡連等の祖神を祀る河内の枚岡神社は、枚聞神社のヒラと同語、ヒは倭人語の火、ラは助辭、祭神天兒屋根命、比賣神で、比賣神は住吉宇佐等の比賣神に同じく日神、天兒屋根命の兒は籠神社のコ、伊豆三島神の后神伊古那姫のコ、賀茂武角身神の后神伊加古屋姫のカコと同語カコ、カグの略轉で火神の義と知られる。

日神の天岩戸開きに中臣忌部祖先の關係神話は、必ず太古より皇室の神祭に奉仕する深甚の縁故あるに因るであらう。

春日神社の祭神と社殿順序

中臣氏の祀る奈良春日神社の祭神と社殿順序を観るに四殿並立して、舊傳に第一殿左方(向て右)建御雷神、第二殿伊波比主神、第三殿天兒屋根命、第四殿比賣神とある。其の比賣神は神名祕書に千々姫命、帝王編年記に伊勢國相殿にて伊勢大神宮より遷御といひ、神祇志料に天兒屋根命の配偶神となす。併しこれは迷誤で、玉海に伊勢内宮、春日社記に天照大神とある如く、枚岡神社の比賣神に同じく日神の稱なるが故に、建御雷、伊波比主神は後出雲派の神なれども、日神の子火神、其の子風雨雷神なるが故に、尊貴なる日神たる比賣の社殿が第一殿で、日本書紀に因るも伊波比主たる經津主神次が建御雷神とある順序にも叶ふ譯であるから右上左下である。

春日の語原

案山子の語原

酸醤の語原

春日の語原は春日の香山（春日山の一部）に、延喜式鳴雷神社がある。鳴雷神は火雷神、香山も火神の山、紀伊國海草郡鳴神村にも香土神社がある。古事記に火之炫毗古神亦名火之加具土神と載せ、カグ、カガは同語、然れは春日はカガス（炫）の隣音轉換で、カガスは案山子と同語、案山子の語原は「炫す」で本來焼火して猛獸を威赫したに起る。景行紀に迦賀那倍氏、夜には九夜とあるは炫――焼火を毎夜重ぬること、卽ち炫し威すこと、篝火も同語、天懸神（伊勢大神宮）は天炫すで日神、國懸神（紀伊）は國炫すで火神、延喜式出雲國八束郡賀賀神社は必ず火神、加賀國國幣小社菅生石部神社は敷地天神といひ、アイヌ語の火神で、祭神は火火出見尊といひ、現に火神として有名なる神社であり、全く炫の神であるから加賀國名の本源と知られ、鏡は炫見、神代記、赤加賀智（酸醤）のチはシの變、酸醤は火火積の變、火火出見と同

天日鷲命は有翼日輪のアシュア神

語、穗積卽ち火神の稱である。烏の語原も必ずカガス（炫、威）の變で、靈鳥として畏怖した名稱であらう。然れば鳴雷神は炫し威す神で、古代人の脅威なるが故に之をカガス（炫、威）の神といひ地名ともなり、遂に訛りて措置法により轉換して「カスガ」と呼ぶに至つた譯で、古代の地名が祭神に起因する例にも叶ふ次第である。春日神は炫すの神たる鳴雷神社で、今の春日神社は中古の創祠であるから關與しない。

第三節　阿波忌部の祖天日鷲神

阿波忌部は太玉命の率ゐる所の天日鷲命の裔といひ、此の神は國幣中社忌部神社に祭られてある。日本書紀に「粟忌部祖天日鷲命」。また古語拾遺神武段に「仍令下天富命率二日鷲命之孫一求二肥饒地一、遣二阿波國一、殖中穀麻ノ種上。其裔今在二彼國一」とある天日鷲命の名は、アッシリアの主神アシュア（Aššur）の神であらう。アシュアの神は第十三圖の如く有翼有尾の太陽の中に、弓を張るアシュアの上半身像を以て表現されてゐる。此の神はアッシリア國第一の守護神として戰勝の神として、此の表識を軍の先登に立て、敵に當るを常とした。この有翼の日輪は埃及が本源でヒッチトから輸入し、遂には波斯の神ともなつた。日鷲の語は倭人語であるが、有翼の太陽神は實に日と鷲とから成つて居る。鷲はバビロニアに於ても神として崇拜せられ、ラガシ市の表像とせられた。アッシリアはセミチック・バビロニアンと同種族で、前にはバビロニアの屬國であつた。後世讎敵たりとも、その思想は新バビロニアにも移入された。第七圖シッパル市發見の紀念碑にもアシュアの像が見えてゐる。必ず此のアシュアの神を天日鷲命と稱へたと思はれる。

更にこれを證すべき事實がある。アシュアの神は軍神たる外に豐饒神、收穫物の保護神であつた。かくて古語拾遺天岩戸の段に、

令下天日鷲神以二津咋見神一殖二穀木種一以爲中白和幣上。註に是木綿也。以上二物一夜蕃茂也。

また同書神武天皇の段に、

天日鷲命之孫造二木綿及麻幷織布一、仍令下天富命率二日鷲命之孫一、求二肥饒地一遣二阿波國一殖中穀麻種上。其裔今在二彼國一。

とあるは符節を合するが如くであらう。出雲系の神に阿須波神がある。アシュアと類似語である

多米宿禰はタム(日神)

が同神とは想はれぬ。

姓氏録に「右京天神多米宿禰、神御魂命五世孫天日鷲命之後」とある神魂五世といふは、後世の作爲で固より信ずるに足らぬ。多米宿禰本系帳に、成務天皇の御宇に小長田命といふ人が御飯を作り備へ奉りたる功により多米の氏を賜つたと書れてあるのは、多米の字に依る附會で、多米は但波のタムと同語、日神ウツの一名タム(Tam)であらう。

第三章　猿女君、久米直、大伴連

第一節　猿女君と所祭神

一　猿女君は神託を求むる神職

猿女は宮中に奉仕し、主として神樂の事に携る職掌である。其の首長を猿女君といひ天宇須賣を祖とする。猿女の語原はセミチック・バビロニアンのシヤーイル(Šailu)の略轉であつて、シヤーはサとなり、イは省略してサルに約りたるもので神託を求むる神職の名である。古

猿女の神託を求むる神職なること神話と一致す

事記天岩戸の段に「宇受賣命が日影蔓を擧とし、眞析蔓を鬘とし、小竹葉を手草とし、天之石屋戸に汗氣（桶）を伏せて蹈み轟かし、神懸して胸乳を出し、裳緒を陰部に押垂し……」と見え、日本書紀にも、顯神明之憑談とありて、神託を求むる神職なることが符節を合するが如くである。（第十四圖アッシリアの神巫の神樂參看）。

然るに此の猿女を以て猿田彦のサルダ（神の王の義）と類似語なるに因りて混淆神話を生ずるに至つた。古事記天孫降臨の段に、

故爾詔二天宇受賣命一、此立二御前一所二仕奉一、猿田毘古大神者、專所二顯申一之汝送奉。亦其神御名者、汝負仕奉。是以猿女君等負二其猿田毘古ノ神名一而、男女呼二猿女君一。

とあるは、全く迷誤から發生した說話なることが灼然としてゐる（伊勢國章參照）。

二　天宇須賣命と賣太神

天宇須賣は珍彥に同じく日神ウツで、日神を以て名稱とする一般天孫人種系の習慣である。古語拾遺に「天鈿賣神强悍猛固故以爲レ名。今俗强女謂二之於須志一此緣也」とある强悍猛固の思

賣太神社は日神

稗田はヒメタの轉訛

想は、本來猿女と猿田彦との混淆神話に因り、加ふるにオズシといふ異語を以て宇須と同語と爲すものである。又一說に曰女の義であつて祭事の時に饌米を搗く女といふが如きは類語を以て附會するに過ぎぬ。

延喜式、大和國添上郡賣太神社は平和村大字稗田に在りて猿女君の所祭である。賣太は今本にヒメタと訓み、ヒメは倭人語の日女で日の女神の稱、賣字をヒメと訓む例は下諏訪秋宮を賣神といふ如く尠くない。タは廣田神社に同じく助辭、猿女族が本居して日神ウツ（ウズ）を祖先として祭祀したるものである。故に天宇須賣命は日神名であると共に猿女氏祖先の名稱である。又稗田はヒメタの訛であつて決して稗の字義ではない。古代に於て穀物が地名となりたる例は殆ない。日女を稗に變化したる例は、攝津西成郡媛島は比賣許曾神（比賣は日神、許曾は社の義）に因る稱名であるが、今之を訛りて稗島村といふ類であるから怪しむに足らぬ。

第二節　久米直、大伴連

久米直、久米部のクメはスメル語のクメ

𒆠 𒈨

K me

で武具の意、べはベル（首長）、またはチアム語のベト雑人の義、舊說に久米は組で軍隊の總稱といひ、或はクマ（熊）の轉で肥人族（前印度モン・クメールで倭人）と爲し、神武天皇は東征に方りクメール族を率ゐて東上されたと爲すのであるが、併し比較的柔和なるクメール族は到底敏捷なるチアム族の敵ではあるまい。之れ等の說は皇室を朝鮮種族とする想定說に立脚するが爲で、實際神武帝頃の事情として東海道以西にはクメール派、チアム派等蔓延し、紀伊大和山陰山陽地方にはツングース派が蟠屈雜居したるが故に、文明の精英にあらざれば、到底建國の大業は思ひも據らざる所であらう。

神代紀一書の天孫降臨の段に「干レ時大伴連遠祖天忍日命、帥二來目部遠祖天槵津大來目一……」。また神武紀に「是時大伴氏之遠祖日臣命、帥二大來目督將元戎一蹈山啓行」。また萬葉集十八に「大伴能、遠都神祖、其名乎婆、大來目主登、於比母知弖」とありて、大伴氏は大久米主で久米部を統率する首長、久米部は軍事刑事を司る部民である。

久米命、久米直は大來目の督將で、即ち久米部の伴造たる部隊長で大伴の管下である。古事記天降の段に「天津久米命、此者久米直等之祖」とあるは、大來目の督將を稱へたる名である。國造本紀に「久米國造、輕島豐明朝、神魂尊十三世孫伊與主命定賜國造」と載す。此の氏を神魂尊の後といひ、大伴氏を高魂尊の裔といふは、固より後世新神話時代の作である。

かくて久米部の軍團の首長たる大伴連は、其の遠祖天忍日命が天孫降臨に先驅し、其の裔日臣命は神武帝の時武勲を賞せられ、名を改て道臣と命ぜられたとある。大伴のトモは本來日神タム（Tam）の轉であらう。それは此の氏族は姓氏録及伴氏系圖に依るに、

高産靈神―（姓氏録六世孫、古語拾遺、神代本紀子とす）天忍日命―天津彦日中咋命―天津日命―日臣命（道臣命）―味日命―稚日臣命―大日命―角日命―豊日命―武日―大伴武持。

とありて代々日を稱へたるは奇である。ヒ（日）は倭人語で、バビロニア語ではウツの一名タムである。一般天孫人種系が日神ウツと稱する如く、此の氏族は日神の一名タムを唱へたるを、其のタムを倭人語の伴の意に解し、此の氏は軍團の首長として伴字に暗合するによりて、此の字を宛てたるようである。若し日神タムの義でなければ、後世の名稱たるに過ぎぬ。其の何れにしても此の氏は大久米主として久米部を統率し、天孫降臨に神武東征に忠勤を表したるによりて、バビロニア系統なることは確である。

第四段　諸氏と神祇

第一章　淡路伊弉諾神

第一節　淡路、伊弉諾神の語原と本質

淡路島のアハはスメル語の Aha 海岸の義で又海神の稱名たるは既說の如くである。路はチアム系隼人、前出雲派語の敬語シの轉で兄猾、高倉下のシと同語、シをヂに訛りたる例は播磨の姫路城は姫山に築かれ、古風土記に、日女道丘、日女道神と見え、日女道神は倭人語、韓語の日神、道（路）はチアム語シの轉で、鎭座の日神に對する敬稱語であつて決して路の字義ではない、淡路島も一に淡道島に作り、舊說に阿波に至る途の島なれば此名ありといふは淺薄であつて、本來アハシの變で伊弉諾神社に對する敬語であらう。故に淡路島は本來淡島で、淡島の名稱は明石海峽方面の津名郡石屋町の淡州は萬葉集に載せ、紀伊加太浦にも淡州がある。古來四國の阿波を以て阿波の本源と思ふは誤であつて其根本は淡路島に在る。其理由は下に述ぶるとして、先づ淡路名稱の本源たる鎭座の靈神に就て考察しやう。

伊弉諾は伊射波と同語

伊弉諾神の名義は阿波岐の稱名

官幣大社伊弉諾神社は延喜式に、淡路伊佐奈岐神社と載せ、日本書紀に「伊弉諾尊、神功既畢、構幽宮於淡路之洲、寂然長隱者矣」と記し其の深遠なる由縁が推察せらるゝと共に原始時代の常として、地名は殆祭神に負ふ次第なるが故に、伊弉諾神の名稱の如きも彼の神功皇后紀に「吾田節之淡郡所居神」とあるを、延喜式に「志摩國答志郡粟島坐、伊射波神社二座」と載せ、淡郡といひ粟島といひ、淡路島と同語であつて海岸の義である。伊射波神社のイは伊勢、伊豫、伊豆、伊夜比古神社に同じく助辭、ザハはアハの變化なるが故に、淡路伊弉諾神社もイアハの轉訛であらう。尤も伊射波神社には英虞答志の火神アグ（Ak）、タシメーツ（Tašmetum）の夫妻神が祀られて海神祭祀は不明であるが、この淡路の神は他の安房神、阿波神、阿波咩神、阿波波神、阿奈波神に同じく必ず海神であらう。

其故は橘小戸阿波岐原の阿波は淡と同語海岸の義、岐は助辭、志摩國阿波羅岐島も同語で、ラは夜ラ、火ラに同じく助辭、阿波岐の語に伊の助辭を添加すればイアハギで、伊射波の例に因れば、イザハキ、イザナキに轉訛するは怪しむるに足らぬ。神話に伊弉諾神は橘小戸阿波岐原に於て禊せられたといふに因るも、此神名は必定阿波岐の名に負ふ本來海神で、それを後世他の神性とし且つ禊祓神話に牽合したと思はれる。此神の禊に因りて海三神の化成をいふは固より神話の變化に過ぎぬ。又伊弉册神を黄泉神話の主神とし、出雲及紀伊熊野に墳墓說を語りたる

地神は海神の子たる思想の一致

日神は海神の子たる思想の一致

蛭子は日神

蛭兒神話は海神たるの證

廣田神社は蛭子宮

如きは、黄泉神話に因りて後世出雲派の作爲に係る新神話であつて、本來此神に關係あるべきではない。伊弉諾冊二神は他の例に因れば阿波神、阿波咩神に相當し、バビロニアに於ては海神エアの配偶神を、ダムキナ（damkina）といつた。

加之國土造成神話に、諾冊二神が「先以淡路洲爲胞」とも「先生淡路洲」ともあるは、海神が地神を生む原始思想であつて、バビロニアに於て海神ヤーは地神エンキ（Enki）の神徳を兼ね、後、地神エンリル（Enlil）の父神となられた譯であるから之れ亦海神たる由が一致する。

バビロニアに於て日神ウツは海神ヤーの子である。然して神話に諾冊二神は日神天照大神を生むとも、又蛭兒を生むとも記し、蛭兒は倭人語の日神である。神話に蛭兒の日神たるを忘れて蛭の如き無骨の兒として說話を構成するは固より無稽である。延喜式、淡路津名郡石屋神社は石屋町に在りて、土人は石楠尊とひ蛭子命といふ。蛭兒は紀伊加太浦の淡州にも祭られ、この石屋浦にも粟州ありて蛭兒の傳說があり其關係が知られる。日本書紀一書に、諾冊神が蛭兒を生み給ひ盤樟船に乘せて放つとある神話に關係するは勿論であるが、此の神話出所の淡路伊弉諾神社に起因する由が察知せられ、且つ蛭兒卽ち日神は淡の神たる伊弉諾神の子なるが故に、此神の海神なることが肯定せらるゝ譯である。

官幣大社廣田神社は一に蛭子宮とも稱へ、ヒロ、ヒル同語で、日神の荒魂向津比賣神を祀り、

夷宮は火神

社名祭神共に日神たるが一致する。廣田神社の末社夷宮は、出雲の天之穂日命の子建比良鳥命、一名天夷鳥命、亦天夷照命とある比良は枚聞神社、枚岡神社と同語、ヒは倭人語の火、ラは助辭、ヒナ（夷）のヒは火、ナは助辭ノの義で夷の字は借字、鳥は照の變、火照命と同語であるから、夷宮は火神稱名である。廣田は伊勢大神宮に對して西宮大神宮とも蛭子宮ともいひて日神であり、夷宮は其御子火神であるから西宮荒夷宮ともいふ譯で、兩社は日神火神の荒魂たるが察知せられる。然るに蛭子は無骨兒として神話を構成し、夷字を蝦夷に著想して惠美須又は惠比須と訓み、或は事代主神に擬し、或は蛭子と混ずるが如きは迷妄である。一説に薩摩國にある夷子の像の男女玉を捧げて並びたるに因れば、彦火火出見尊、豐玉姫なりといふは、火神たる由が一致する。武庫郡西宮町縣社西宮神社を俗に夷子三郎といふは、廣田神社の夷宮の分祠であらう。

夷守、卑奴母離は官名に非ず

猶夷神の火神たるは、霧島岳の別峯を夷守岳（一に雛守に作る）といひ夷守神社がある、守は古韓語の山で火山の義、又火守神の義、祭神は火瓊々杵尊で本來火神祭祀である。隱岐國燒火山（火山）比奈麻治比賣神社も火祭神社の義、景行紀の夷守の地名人名は火神の稱名、魏志に對馬伊岐等の大官を卑狗、副を卑奴母離とある其の卑狗は日子で日神稱名、卑奴母離は火神稱名で、尊長は日神を名乘り、次者は日神の子火神名を名乘りたるものである。然るに舊說にこの夷守、

卑彌呼は日神稱名

卑奴母離を鄙守の義に誤解して官名と爲すは斷じて誤である。序でながら卑彌呼は日神稱名で、呼は卑彌弓呼の弓呼の略、弓呼は坪井博士によればチアム語のクク kuk 神、王、公の尊號で神の王の義であるから卑彌呼は古代祭政一致時代に主神たる日神の尊號を負ふ稱名である。舊說に之を單に巫女と解するは迷誤である。

第二節　阿波の本源は淡路島

神話に「淡路洲を胞と爲す」とも、「先づ淡路洲を生む」。また「幽宮を淡路洲に構る」とあるは既に淡の本源たるを示し、且つ日本書紀に「四國を伊豫二名洲、一書に伊豫洲と記し、萬葉集に、淡路島と共に伊豫と明石の門を詠みたるは、四國を伊豫といふ證なるが故に、阿波國名は古代の名稱とは思はれぬ。況して阿波國には阿波國名の本源たる何等の徵證を有しない。古事記に、粟國を大宜都比賣といふとあるも、併し古代の地名人名は殆神名に負ふ譯で、決して穀物それ自身が地名とはならざるが故に、古事記は後世の思想に過ぎぬ。又阿波の忌部神社は忌部首の部族といふも、其祭神は天日鷲命とて有翼有尾の太陽神アシュア（Aššur）であるから、固より淡の語原に緣故があるとは思はれぬ。

阿波國より東移を語る安房神社は、四國阿波に非ずして實は淡の國たる淡路と思はれる。安房

淡族

多賀大神は高大神にて高神の義

は淡と同語で、安房神社祭神太玉命は海神タマトであつて、斷じて祭具などの義ではない。故に本國たる淡の神なる伊弉諾神の海神たることが前後符節を合するが如くである。

淡路伊弉諾神社の創祠者は、古語拾遺に因るに安房神社の本源として或は忌部首の同祖たる疑がある。假りに淡族といふべきであらう。兎にかく創祀者は夙に衰亡し、祭神の本質を逸して新神話が構成せられ、淡の名稱は却て四國の一角に轉移した譯が察知せられる。

第三節　多賀大神の語原

淡路伊弉諾神社は津名郡多賀村に鎭座し多賀大明神ともいふ。此神を祀りて多賀といふは、彼の淡海の多賀神社の在る多賀村は、和名抄に田可郷に作り、延喜式に多何神社と載せ、又一に田鹿に作り、清音に呼ぶ。神祇志料に「多何神社、今高宮驛多賀村にあり、多賀大明神といふ」と載せ、高、多賀同語で、本社を高宮と稱へたことが知られる。大和葛城の高の地に綏靖天皇の都邑高丘宮の號に因りて和名抄高宮郷あり、その高の地の鴨神社を高鴨神社といふ。本來此地名は鴨神を高神と崇拜したるに起因するものである。高はクメール語系倭人語であつて、高龗は同語の Taka—ŏ kan 卽ち高大神の義で特に龍神を祀られた。俗に有名なる靈神を高神といふは卽ちそれで、諸國の地名高神、高宮と同語である。然れば伊弉諾神を多賀大神といひ、鎮座地を多賀といふは高大神の義なるが察知せられる。

郡名を津名といふは、スメル語のTuで入江、上陸場の義、名は助辭ノの義、海港の津には必ず海神が祀られたるが故に、海神たる淡路の神の縁語と知られる。

第二章　茅渟の茅渟族と賀茂建角身神

第一節　茅渟の茅渟族

茅渟は和泉國の古名である。神武紀に「五月軍至二茅渟山城水門一、茅渟此云二智怒一」と記し、其の名義を古事記に「五瀬命於二御手一負二登美毘古之痛矢串一……而自二南方一廻幸之時、到二血沼海一、洗二其御手之血一、故謂二血沼海一也」と載せ、本居宣長は古事記傳に「黒鯛屬の知奴といふ魚の名によりて負へる名」と爲すも、共に附會に過ぎぬ。茅渟といふ語は嘗原田氏が余の爲に研究せられたる如く、バビロニアの海神ヤーの神德の上から申されたる海神の稱で、スメル語のチン卽ち生命の義の變である。バビロニアの首府バビロンの古名をチンチル

奇日方天日方
武茅渟祇

Čin Čil ki

といふチンは生命、チルは森で、バビロニアに於ける海神及び其の子日神は生命の神、起死回生の神として信仰せられ、他神の有せざる廣大無邊の慈悲で、海神及び日神信仰の盛大なる原因であつた。我が國に於ける天孫人種系氏族がヤーの神を祀る以上は、之れを生命の神と信仰し、從つて生命の地、生命の海ある譯で、加之其山城水門は海神ヤー鎭座の稱名で一致する。

かく茅渟といひ山城水門といひ、此の地にヤーの神の祀られたることが察知せらるるのである。然らば何れの氏族に祀られたるかといふに、それは崇神紀に、

即於茅渟縣陶邑得大田田根子……對曰、父曰大物主大神、母曰活玉依媛、陶津耳之女。亦云、奇日方天日方武茅渟祇之女也。

と見えたる武茅渟祇族である。武は建に同じく美稱、茅渟祇のチヌは海神ヤーの神德より申したる名、ツミは日神を日積、火神を穗積と同語、神の義、此の神の海神たる例證は、神名帳考

證に、近江國犬上郡日向神社在二多何社西一按日向神者、天日方奇日方命。大和國率川阿波神社同」と記す。天日方奇日方命は、奇日方天日方武茅渟祇であつて、天日方とは既說の如く日向神たることを現す。日向氏は海神大和神の裔大和國造珍彦族で、日向神とは本來日向の橘小戸阿波岐原に生れませる海三神の稱なるが故に、天日方といふ武茅渟祇は海神なること、且つ阿波神も海神の稱名なるに因り同神たる由が、彼此相一致する譯である。故に奇日方天日方武茅渟祇とは、全く海神たるヤーの神である。バビロニアに於ても我國に於ても所祭の主神名を以て氏名とするは普通なるが故に、此の氏族を呼んで武茅渟祇族と唱へ得る譯である。

第二節　賀茂建角身神

一　武茅渟祇は建角身神と同名同神

武茅渟祇の名は建角身と同語同神である。武と建は同語、チヌは轉じてツヌとなり、ツミのツはノの義の助辭で省略してミとなる。かく言語の上から同語同名たるばかりでなく、紀に武茅渟祇の女子を活玉依媛とあるは、釋紀に引く山城國風土記に、建角身命の子玉依日賣といふに符合し、又賀茂縣主系圖に「天神玉命の子天櫛玉命、その子武角之身命の子建玉依彦命、

角賀津

茅渟族は賀茂縣主を稱ふ

玉依姫」。また舊事紀天神本紀に「天櫛玉命鴨縣主祖」とありて玉を以て名とし、殊に玉依姫は海神玉依媛と同名、豊玉媛に同じく海神の名で、セミチック・バビロニアンのマタトの下略で全く海神たるが一致する。彼の角賀（敦賀）津もチヌノ津で其伊奢沙別命は淡路伊弉諾神と同語海神名である。

國史と併考するに海神たる建角身神を祭る茅渟族は、茅渟山城の水門に於て同人種たる皇軍を迎へ奉り、幸に地理に明かなるを以て先導して、紀伊國に廻り熊野に上陸して、遠く山地を跋渉し、所謂八咫烏の神話の如く大和に入りて、チアム族の首魁長髓彦（天龍）族を平定せらるゝに至り、後ち山城鴨の地に據りて北敵を防ぎ、祖神たる建角身神、玉依姫命を祭祀したることが肯定せられる。この茅渟族は後に賀茂縣主を稱へた。姓氏錄に、

山城國天神、賀茂縣主、神魂命孫武津之身命之後也。

鴨縣主、賀茂縣主同祖、神日本磐余彦天皇諡神武欲レ向二中洲一之時、山中嶮絶跋渉失レ路。於是神魂命孫鴨建津之身命化如二大烏一翔飛奉レ導、遂達二中洲一。時天皇喜二其有功一特厚褒賞八咫烏之號從レ此始也。

と、此の氏族を神魂命の裔と稱するは、紀伊國造宇治族を神魂の後といひ、宇佐國造宇佐族を高魂神の裔といふに同じく、新話時代の錯誤で證とするに足らぬ。この茅渟族は後の茅渟縣主（毛野氏族）とは別氏なることはいふまでもない。其の神系は左表の如くである。

海神｛武茅渟祇——活玉依媛｝
　　｛建角身神——玉依姫命｝茅渟族——賀茂縣主

賀茂縣主系圖に其祖を天神玉命とし、舊事紀、饒速日尊天降の時に供奉三十二神の中に「天神玉命三島縣主等祖」とある。賀茂縣主は三島縣主と同族で饒速日命の時天降を語るものである。

二　武茅渟祇と陶津耳の本居

崇神紀に「卽於㆓茅渟縣陶邑㆒得㆓大田田根子㆒。……對曰、父曰㆓大物主大神㆒、母曰㆓活玉依媛㆒、陶津耳之女、亦云、奇日方天日方武茅渟祇之女也」と記し、活玉依姫を陶津耳の女といひ、一説には武茅渟祇の女といふとある。この亦云は一云、或云と同語、卽ち一說の義であつて斷じて亦名の意では無い。故に二神は別神である。

陶荒田何社

それは事蹟に就ても、陶邑は書紀通證に、「大鳥郡陶器莊、清和天皇之朝、陶家益多、而河内和泉兩國、相爭燒㆑陶伐㆓薪之山㆒、事見㆓三代實録㆒」と見え、往古より製陶の地として有名である。延喜式に、陶荒田神社二座とあるは、今東陶器村大字上に在りて、姓氏録に「和泉國天神荒田直高魂命五世孫劍根命之後」とある。吉田東伍氏は「陶荒田神社は陶津耳氏の祖神を祭る」といふは、さることながら併し陶津耳の陶は字の意、ツはノ、耳はミの重音でチアム語の敬語、卽ち神の意で陶の神の義なるが故に、陶工氏の守護神の名である。此の崇拜氏族は荒田直で必ずツングース派であらう。武茅渟祇崇拜族の本居地は神武紀に「軍至茅渟山城水門（亦名山井水門）時五瀨命矢瘡痛甚雄誥而薨、號其處曰雄水門」とある是である。地名辭書「山城水門、日根郡呼唹郷の寄船地なり、和泉誌云、山井水門、在樽井村と、樽井は雄信達村の北に接し小灣を成す」と記す。其傍地男里に男神社あり、男宇刀神社の略で日神祭祀である。古事記に男水門を紀國に作るは錯誤。

山城國號の本源

山城は海神名、城は古韓語の森、又はチアム語のククの略轉か助辭、後に此神を祭る山城國號の本源である。山井は山城の變、それは奈具神名木神を奈爲神に轉訛したと同例である。

三　賀茂御祖神

建角身神及び子、神玉依姫命は官幣大社賀茂御祖神社として祭られてある。本來賀茂の稱はチアム語の稲田を守る義、卽ち田守の神の意で、チアム系に屬する神の稱號である。延喜式に大和國葛上郡高鴨阿治須岐託彦根命神社、同郡鴨都波八重事代主命神社などはチアム系前出雲派で、伊豆國の賀茂神などはチアム系東南派に屬する信仰神である。然るに海神たる建角身、神玉依姫を祭られて、なぜ賀茂御祖神と申すのであるか、それは釋紀に引く山城國風土記に、

可茂社、稱二可茂一者、日向曾之峯天降坐神、賀茂建角身命也。……賀茂建角身命、娶二丹波國神野神伊可古夜日女一生子、名玉依日子、次曰二玉依日賣一。於二石川瀨見小川一遊爲時、丹塗矢自二川上一流下、乃取挿二置床邊一、遂孕生二男子一。至二成人一時、外祖父建角身命造二八尋殿一、堅二八戸扉一、釀二八腹酒一、而神集々而、七日七夜樂遊。然與レ子語言、汝父將レ思人令レ飮二此酒一。卽擧二酒坏一向レ天爲レ祭、分二穿屋甍一而升二於天一。乃因取二外祖父之名一、號二可茂別雷神一。今所謂丹塗矢者、乙訓郡社坐火雷命社。

と載せ、この神話はバビロニア系の神と、チアム系の神との神婚神話である。その丹塗矢となりたる火雷神が、玉依姫に婚ひて上賀茂別雷神を生れたといふ譯で、賀茂御祖神といふとある。

風土記に、外祖父の名を取りて可茂別雷と號すとあるが、固より賀茂といふ語は、本來チアム系の神德を稱へたる名稱で、斷じてバビロニア系統に係る名ではない。殊に海神たる此の神に賀茂の名稱を以てするは不合理なるが故に、外祖父の名を取るといふは、後世神話の錯誤たるに過ぎぬ。

伊可古夜日女は本來火神

伊可古夜日女の名義、伊は助辭、可古は火神名、日女は日の女神で若日女神卽ち火神である。日女を女神に誤つて后神とするは、安房の后神天比理刀咩神、伊豆三島の后神伊古奈姫と同例である。

本來賀茂は田守神鎭座地の名であつて、茅渟族以前の地名を踏襲して社名とし、又賀茂縣主とも稱へる次第なるが故に、茅渟族本來の名ではない。玉依姫は海神で又水神である。水神と火雷神によりて別雷神の生るといふも自然現象の神話である。

縣の名義

賀茂縣主の縣はチアム語のアガ、ウガで稻粟の田の義である。

社地を多多須の森といふタタは大田田根子と同語、倭人語の父の義、スはシの轉でチアム語の敬語、外祖父を意味するであらう。或は多多須の森の名稱は、建角身神以前の田守神に關係するであらう。

下賀茂社實は上賀茂社の御祖にあらず

賀茂御祖神社を上賀茂別雷の御親と爲す傳說であるが、本來賀茂縣主族の祖神を意味する。

然るに之れを上賀茂社の親神といふは、後世異種族神話の混淆に依るもので、攝津三島鴨神社祭神を一説に鴨御祖神といふも、事代主神はチアム系たる鴨氏族の祖神といふ義なると同例である。

第三節　建角身神と伊豫三島神、伊豆三島神との同神説

賀茂御祖神社の祭神と、伊豫三島神、伊豆三島神の三社同神説は、准后 源 親房卿著の二十一社記に次の如く記されてある。

> 山城ノ賀茂、葛木ノ賀茂トテ坐、各別ノ神也。葛木ノ賀茂鴨ト申、都波八重事代主ノ神云、賀茂家陰陽道ノ輩祖神トモ奉ㇾ齋也。是ハ地神ニテ坐ス。山城ノ賀茂ハ天神ニテ座ス。伊豆ノ賀茂ノ郡ニ坐三島大明神、伊與ノ國ニ坐三島ノ神、同體ニテ坐スト。天神トハ申セドモ所見未詳。

とありて、建角身神と伊豫三島神たる大山積和多志大神、伊豆三島神の三社同神説である。建角身神も大山積和志神も共に海神たるヤーの神であるから同神たることが相符合する。伊豆三島神

二十一社記の三社同神說は原始史の正傳

も續日本後紀に、

承和七年九月、伊豆國言、賀茂郡有二造作島一、本名二上津島一。此島坐阿波神、是三島大社本后也。……召二集諸祝刀禰等一、卜二求其祟一云、阿波神者三島大社本后、五子相生、而從后授二賜冠位一、我本后未レ預二其色一。

と載せ、本后といふ阿波神は、忌部の祖神太玉命を祀る安房神社と同語、上に述べたる如くスメル語のアハ海岸の義、又はアアヅバ海の義である。伊豫三島神たる大山祇神社にも攝社阿奈波神社がある、これも必ず阿波神と同神で海神たるべきは縷說の如くである。山城風土記に建角身神の后神を伊可古夜日女とあるは、伊豆三島の后神伊古奈比賣と同語で共に火神稱名であり、伊豆三島神は伊豫三島に同じく大山積神で、海神ヤーの變化神である（伊豫伊豆各章參照）。されば伊豆伊豫三島も建角身神も同神たることが符節を合するが如く一致する譯で、此の驚嘆すべき二十一社記の傳說は實に原始時代史を傳へたるものである。後世異種族の神話によりて混淆せられたる日本書紀、古事記等の新神話時代の記事や言語思想では、到底說明することは不可能である。大日本人名辭典に、大山積神一名建角身命と記したるは、固より二十一社記の傳に

天孫人種の意義
天降人種の意義

據れるものであらう。平田翁が伊豆三島神を事代主神と爲せしは、二十二社本緣に、二十一社記を引證する際、其の「山城の賀茂は天神にて坐す」の十二字を脱落せる文に據りて誤解したるもので、この誤脱文を根據として明治維新の際、祭神を變更せしは輕忽の責任を免れぬ。

第四節　本社は天神 卽 天社

二十一社記の文に、山城の賀茂は天神にて坐す……とありて、海神を祭れる下賀茂、伊豫、伊豆三島神を共に天神といふは如何にも不可解に感ぜらるるであらう。併しそれは神祇令義解に、

天神者、伊勢、山城鴨、住吉、出雲國造齋神等類是也。地祇者、大神、大倭、葛木、鴨、出雲大汝神等類是也。

とありて、其の山城鴨も住吉も海神又は航海神たる南風神を祭られたれば、地祇なるべき筈なるに、之れを天神といふは如何にも奇怪なる如きも、全く天孫人種たるスメル系統の神なるが故である。詳言すれば海神の子日神、その子火神の孫裔たる天孫人種卽ち天降人種の祖神なるが故である。天降人種を海外より移入人種の義に解するは迷誤である。成程後世から見れば不審

天神即天社は天孫人種系の神
地祇即國社は土着民の神

なる如きも、之れは未だ原始思想の存在してゐた崇神天皇の朝、天社國社を定められたる當時に於て、かく制定せられたる習慣の傳はりたるものと察知せられる。大神以下の地祇は皆チアム系の神たるに注意を要する。併し大倭神は本來皇室の海神ヤーの神であるが、大倭國魂神とも稱するに因りて既に古代に於て出雲系の神に錯誤せられた。又出雲國造齋神といふ須佐之男神は、本來チアム系の神なれども日神の兄弟神といふによりて天神としたる譯である。

天神を天の神とし、地祇を地の神と思ふは、後世の思想であつて、天神即天社は天降民族たる天孫人種系の祭る神、地祇即國社は先住者にして天神の裔にあらざるチアム系等の祭る神の義である。尤も皇室の日神たるウチの神と後出雲派の祭る日神大日靈貴とは、同神たるにより混淆して天神とし、又皇室と同族とせられた（皇室と神祇の段參照）。バビロニア派たる安曇連や大和國造珍彦族を、姓氏錄に地祇部に收れたるは、勿論後世の思想に過ぎぬ。山城國風土記に、建角身神が日向曾の峯に天降を說くは、神魂命の孫といふ新神話の思想からのみでなく、本來此の神を祭る茅渟族は天降族即ち海神の子日神の裔なるが故に、かゝる傳說もある譯である。然れば二十一社記に、賀茂、伊豫、伊豆三島神を天神といふは、古傳を傳へたる最も貴重なる傳說たることが肯定せらるゝ次第である。

第三章　安藝國造飽族と大山積神、飽速玉命、嚴島神

第一節　安藝國造飽族

一　安藝國造と大山積神の神裔說

安藝の國名はスメル語のアク（Ak）火神の轉である。大和國宇陀郡阿紀神社祭神秋姫命は火神アクの變で、遠江國秋葉山縣社秋葉神社を元と岐氣保神と稱すとある。岐氣はキキの變で枚聞神社のキキと同語、チアム語のクク卽ち神の王の義、保はチアム語のホ（火）で、火神を神の王と稱へたる名である。秋葉の秋は火神アクの變で、葉は丹波、筑波に同じく助辭、國造本紀に、

阿岐國造志賀高穴穗朝（成務）天湯津彦命五世孫、飽速玉命定賜國造。

と記す。天神本紀に、饒速日尊天降の時、供奉防衛三十二神の一を「天湯津彦命、安藝國造等祖」と載す。併し天湯津彦の名は新神話時代の稱なるが故に信ずるに足らないが、此の氏族或は宇摩志麻治族と同時代の渡來なるやも知れぬ。併し飽速玉命を以て五世と云ふも、此の名は火神の稱である。尤も國造の祖神たる火神名を以て稱ふる譯なるが故に、この飽速玉命には神と人との二義がある次第であらう。

安藝國造の本居地

國造の本居は佐伯郡平良村である。和名抄には、種篦郷と記す。嚴島文書永仁二年鎌倉執權の下知狀に、社領平良庄とある。ヘラは枚聞神社、枚岡神社のヒラの轉で倭人語のヒ（火）、ラは助辭、本來アクの神（飽速玉神）なるを倭人語によりてヒラといつた譯で、恰もウツの神を天照大神といひ、奈具神を豐受姫と申すと同例である。安藝國造は平良村たるアギの地に

安藝國名の本源

本居して火神飽速玉神を祭祀した。今の速谷神社がそれで、安藝國名の本源である。然るに舊説に安藝は我君、飽足などの意といひ、安藝國名を安藝郡安藝郷に在りと爲すは錯誤である。それは中古國府を安藝郡安藝郷たる府中に置かれて、初て國名を採つて郡郷の名となせしものなるが故に、斷して安藝郡は國造の故墟ではない。恰も周防國名の周防村に關係なく、伊豫國名の伊豫郡伊豫村に關與せざると同例である。神武天皇は火神の國たる安藝國埃宮に駐蹕し給ふた。

必ず深き由縁がなければならぬ。

安藝國造の後裔といふ嚴島神社上司神職柵守（大宮司）野坂氏は、其の系圖を大山積命に起し、此の神を始祖として居る。小市國造の後裔たる三島大祝や河野氏族が、物部連の系圖に混淆しながら冒稱の祖は何等祭る所なくして、和多志大神たる大山積神を祖神と傳稱して祭祀したると同例で、此の大山積神は全く海神ヤーの轉訛である。吾田國の大山積神は長屋津の神の轉訛であり、伊勢大神宮の山田姫命の父神といふ大水神社の祭神大山罪御祖命は海（水）神ヤーの變化である。安藝國造は火神を稱ふる氏族なるが故に海神ヤーは大祖神で、實に原始神話を傳へたる貴重なる史料である。嚴島圖會に、

> 大頭大明神、佐伯郡大野村鎭座。祭神二座、大山祇命佐伯鞍職。一説國常立尊を加へて三座とす。例祭九月廿八日、嚴島の祠官こと〴〵く渡海し神供を奉る、その式みな古風を存せり。

と記し、安藝國造族の祖神大山積神たるが故に其の祭祀を鄭重にした。大頭神社のある大野村は海邊に在り、東面して宮島に對し海峡を大野瀬戸といひ、大野の言義は一族怒麻國造

佐伯の職掌は宮門の警衛

佐伯は塞へ防ぎの義

防人は塞防守の義

の本居を、延喜式に、伊豫野間郡野間神社と載せ、ヌをノに變化せしと同例、大野は大怒の變、ヌヌ（Nunu）魚で海神名と察知せられ、一族沼田佐伯の本居を沼田といひ、佐伯郡佐伯の本居を大野といひ共に海神名たるが一致し、且つ海港の津には海神が祀らる、例なるが故に、大頭神社の祭神大山積神の國造祖神たるヤーの神で、大頭は本來大津の宛字の誤讀なる由が首肯せられる。

二　佐伯の氏稱と其の語原

安藝國造は佐伯直を稱へ郡名をも佐伯を以て呼んだ。其の原因や佐伯の語原に就て古來種々說あるも採るに足らぬ。佐伯の職掌を觀るに、本來大伴氏は武官として佐伯部を率ゐた。雄略帝の朝に大伴の一族は佐伯を名乘り、大伴佐伯の二氏で宮門の警衛開闔を掌った。故に佐伯の名義は宮門を塞へ防ぎて護衛する義と知られる。大寶の軍防令に、防人をサキモリと訓むは塞防守の義天孫降臨に方りて大伴氏の率ゐる武士を久米といひ、大久米命、久米部といふは、スメル語のクメ卽ち武具の義である。それが職務によりて佐伯（塞防）の名に轉し、また防人の稱に再轉した。何れも武人の名稱である。然るに物部卽ち靈部を直に武夫の義に說き、大久米命を大目玉の義に解し、佐伯を蝦夷の一號と爲し（常陸風土記）、又は其の喧騷の義とし（景行紀）、防人を崎守の義に解するが如きは共に附會に過ぎぬ。或は佐伯は蝦夷の稱で大伴氏が之れを使用したといふ説あるも、古今を問はず敵人たる異人に兇器を持しむるは、恰も爆裂彈を抱いて火氣に接するが如く極めて危險なるが故に、當時の事情よりするも到底事實とは思はれぬ。必ず蝦夷を防ぐ兵士の名稱なるを蝦夷その者の如く誤解するに至り、佐伯を毛人として國史にも記載せられたるに相違ない。

佐伯部の配置

景行紀、姓氏錄等に依るに、佐伯部は播磨、讃岐、伊豫、安藝、阿波の五國に最も早く置れた。播磨國造（景行帝の裔）の一族は佐伯直を稱へて佐伯部の長であり、阿波佐伯直も佐伯部の長であり、讃岐國造の一族佐伯宿禰も佐伯部の長であり、伊豫は不明であるが、安藝國造族も佐伯直を稱へ佐伯郡と沼田郡の佐伯部を率ゐた。

佐伯の職掌は地方の守護

然らばこれ等の佐伯は何を職掌としたかは問題であるが、余の考へでは阿波播磨の佐伯は其の守護に任じ、讃岐は鹽飽列島を根據として近世まで鹽飽海賊即ち水軍が居た。伊豫の佐伯は言語の上からは不明であるが、事實としては小市國造族は、瀬戸内海の中央咽喉部たる三島列島即ち越智群島に海神と日神とを並祀して、上古より三島水軍の威名を振ひ、近古には日本海賊大將軍と號し、海神三島大明神たる大山積和多志大神を守護神として、支那朝鮮等に和寇と稱せられ、彼等を戰慄せしめた。安藝國沼田は今三原海峡で近古まで沼田の海賊は有名

讃岐國名は佐伯の變化

であつた。佐伯郡の方面は不明であるが、併し國造の祖神大山積卽ちヤーを祀る大頭神社は前述の如く大野村に在りて沼田と共に海神名で海港なるが故に佐伯の本居と知られる。伊豫の佐伯たる小市國造族の祖神大山積和多志大神を祀る三島の古名をノノの島と呼び、本來ヌヌの島で、備後沼隈郡沼名前神社はヌヌツクドマで海神の前の義、卽ちヌヌの島の大ヤー神の地の御前の義で現に海神が祀られてある。所謂海神國たる儺國の古名を奴國といひ、志賀海神を祖神といひ、海人の宰領として海上の權力を振ふた。かくヌ（ノ、ナ）の名稱――海神――水師は相關聯し且諸氏共通する譯なるが故に、兎にかく佐伯の名稱は塞へ防ぐ義なることが肯定せられ、隨つて讃岐の國名の如きも佐伯の變化であらう。

然るに景行紀に「日本武尊の俘虜たる蝦夷を伊勢神宮に獻りしに晝夜喧譁す、依りて大和御諸山の傍に置きたるに、悉く神山の樹を伐り隣里に叫呼し人民を脅す。詔して彼等は本獸心あるに依りて之を畿外に班つ、之れ播磨……五國の佐伯の祖」とあるが如きは、斷じて史實とは想はれぬ。啻に佐伯を喧騷の義に誤解したる小說たるに過ぎまい。

長門本平家物語に、推古の朝に佐伯鞍職が播磨より配流されしといひ、又嚴島神社に舊く攝社大伴社ありしは、安藝國造の佐伯氏を以て大伴一族の佐伯、及び播磨の佐伯に迷誤したるもので恰も一般神部たる物部卽靈部が物部連同祖を冒稱するに至れると同例であらう。

第二節　飽速玉命

飽速玉命の飽は安藝と同語火神アクで、速はチアム語の光榮の義か又は火之燒速男神の速と同語、玉はツングース語の魂の義、此の神は國造の本居地平良村に祭られた。延喜式に、佐伯郡速谷神社と載せ、一に速田大明神ともいふ。共に速玉の轉訛で後世祭神に俗説あるも、既に吉田東伍氏が阿岐國造飽速玉神を祭ると斷ぜるが如くである。併し此の名は祖名たると共に祖神の名であつて、紀伊の名草神を祀る氏族を大名草命といふに等しい。然れば此の祭神は阿岐國造たる人にあらずして其の祖神たる火神である。古代は人靈を神として祭る例は斷じて存在しない。

嚴島圖會に「速田大明神は、社傳に伊都岐島神天降の時、靈烏其の部曲に侍りけるが、大神鎭座の後靈烏この平良郷に飛來る、土人岩木某之を祝ひ奉りて明神とす」とあるは、固より無稽であるが、海神たる賀茂建角身神を八咫烏といひ、本社も靈烏といふ。バビロニアに於て鷹は日神の使で鷲と共に神として崇められ、又烏も神使とせられた。

三代實錄、清和天皇貞觀九年十月の段に、從五位上安藝津彦神が見え、安藝國號と同語火神名であるが所在が明でない。

奴麻國造と野間神社

安藝國造の一族に伊豫怒麻國造がある。國造本紀に「怒麻國造、神功皇后御代阿岐國造同祖、飽速玉命三世孫若彌尾命定賜國造」と載せ、今越智郡乃萬村に、延喜式野間神社（縣社）ありて飽速玉命若彌尾命を祭る。怒麻はヌヌ（魚）で海神を意味し、麻はアマ（海）、アマ又アンマ（天）のマに同じく助辭、即ち海神國と知られる。當社も亦本來國造の祖神を祭る處で、中古より祖先崇拜に轉じた。

沼の語原

舊說に怒麻を沼の字義に解するは誤りであるが、併し本來沼はヌヌマの略語で天孫人種語の變化である。

第三節　嚴島神の本質

一　嚴島には本來月神を祭る

伊都岐島は月神の稱名

官幣中社嚴島神社は、延喜式に伊都伎島神社と記す。三代實錄、類聚國史、山槐記、拾芥抄等の諸書みな同じく伊都伎島に作る。イツキのイは伊勢、伊豫のイと同語助辭、ツキはチアム語のトキで即ち月神の名稱である。トキは國語の時と同語、島は倭人語、熱帶地方の古民族は最も早くより月神を夜の惠みの神、農業の神、時の神として熱烈に崇拜した。我が國に於てもチアム族によりて月神を最も早くより祭られてゐた。其の地名は極めて多數である。

大元神社が本來月神たる伊都伎島の神

先づイツキ（伊月、五木、伊豆木、伊筑、一箕）の地名は、安藝伊都伎島の他に肥後、阿波、遠江、信濃、岩代等に在り、イチキ（市往、市木）は薩摩、日向、大和、石見に在りてイツキの轉訛である。ヲヅキ（小月、小杖、小槻、落月）は長門近江に、カヅキ（香月、堅木、勝木）は筑前、山城、越後等に、キヅキ（杵築、木月、木附）は出雲、豊後、武藏に、シヅキ（志筑、後月、次月、足次）は長門、備中、淡路、美濃等に、ミツキ（御調、三木、水木、箕月、密筑）は備後、三河、武藏、上野、常陸、陸奥に、ムツキ（睦月、六木、六繼）は伊豫、播磨、武藏等に在る。其の他伊豫西宇和郡の三机、大隅の肝屬、紀伊、筑前等の秋月、筑紫國や筑波山小豆島の類があつて、これ等は皆月神を祭りたる遺跡である。然るに今月神を祀られたる所極めて稀なるは、月神の信仰衰へて異神に變改したる爲である。出雲の杵築には初月神が祭られたるを、貴の神（チアム語の大名 即 大神の義）に變化し、官幣大社日前國縣神宮は垂仁の朝に名草の方面より今の秋月に移されて秋月の神は不明となつた。

伊都伎島にも本來チアム系によりて月神が祀られた。然るに今の嚴島神社が祀られて大元神と稱へらるるに至つた。攝社大元神社が月神であるといはば驚くであらうが、それは西遊雜記に下の如く記されてある。

陰暦六月十七夜の嚴島祭は月神祭

恩賀島、我島の稱は月神兼備の神德の稱

相つたふ、此島往古は大本明神の社地なりしを、清盛公の下知として、大本の社をば、かたはらに移されたり。されど生土神と心得てゐる事にして、大本明神の神主を上卿市正といふ。嚴島の御社より一町ばかり西のかたに、少さき社ありて、今に市中より地借の代をとる事なり。尤もいにしへを忘れざるは、田舍の風俗にて、殊勝ともいふべし。

とありて、大元神社が今の嚴島神社よりも先きに伊月島の神として祀られたることが灼然としてゐる。今も嚴島町の舊社家町なる瀧町には多く舊社家が住居して、大元神社の祭日には、同町の住民は地主神と稱へ、又其の氏神として他町とは特別に祭祀の禮を行つてゐる。舊俗に陰暦六月十七日夜の滿潮を以つて嚴島の祭といふ、滿潮の祭はチアム族が時の神の信仰を有する月神祭である。

嚴島圖會に、

嚴島の舊島號は、恩賀島、また御香島、あるは霧島、我島など稱へり……

とある恩賀、御香は同語、豐平賀姫のオカを緩和してオンガといふ、我島は阿賀でチアム語の

英賀神社

筑摩神社祭神を市杵島姫とも御食津神ともいふ

都久夫須麻神社祭神も市杵島姫とも宇賀御魂命ともいふ

Aughā 又 Uguhā で宇氣神の稱である。播摩國飾磨郡英賀保村大字英賀に、延喜式内縣社英賀神社祭神英賀彥神、英賀姫神とあると同語、本來月神は穀物神の神德を兼備せられたからウケの神として信仰せられた。故に伊都伎島卽ち伊月島の一名としてかく呼ばれたる譯である。

近江國坂田郡入江村大字筑摩の筑摩神社は延喜式内社で、ツクマは筑羽と同語、ツクは月、マは助辭、祭神は木曾名所圖會に、市杵島姫と載せ、吉田東伍氏の說に土俗市杵島姫を祭ると記し、神祇史料には御食津神（一傳）とある。

また同國東淺井郡竹生村竹生島の都久夫須麻神社も延喜式内社で、ツクフスマは筑羽島の變で月神と知らるゝに、これ亦神名帳考證に祭神市杵島姫と記し、輿地志略及び神社覈錄には宇賀御魂命とある、卽ち伊都伎島が月神で且つ宇氣神たる傍證であらう。之れ等神社の祭神を伊都伎島神と稱せずして……姫神といふは安藝嚴島神社と混淆せるによる。故に恩賀島、我島等の稱は伊都伎島の舊號でなく一名といふべきである。

然るに後世大元神社の祭神を國常立神、大山積神、佐伯鞍職と爲すも、國常立神は俗神道者流の國土大本の神といふ說に因りたるものであり、大山積神、佐伯鞍職は安藝國造の後裔たる嚴島の上司神職が、其の大本の名によりて祖神や祖先なりと迷誤したるに因る。舊說に大山津見族が大山津見神を大元神として祭祀したといはれてあるが、世に大山津見族なるものは縷說の如く斷じて存在しない。所謂大山津見族なるものは、實は海神ヤーの轉化神としての大山積神を祖神として祭る日神氏族又は火神氏族である。安藝國造族も亦その一例である。

二　市杵島姫神は宗像三女神に非ず

嚴島は本來伊都伎島なるをイツクシの義に誤解して嚴字を宛て、又イツクの義に取りて齋島に記すは共に訛である。伊都伎島神社の祭神を市杵島姫神と申すは、月神を祭る伊都伎の島に鎭座するによりて、舊號を踏襲して神名や社號としたる譯である。市杵島姫のイチキはイツキの變化で原語ではない。重田定一の嚴島誌に、イツクシマ（嚴島）をイチキシマの轉訛とし、諸國の地名市來、市木等の類名を掲げてイチキを原音と爲すも、更に徹底的には傳來の如く伊都伎島が原音である。

一　祭神の傳說

當社の祭神は一宮記に、（宗像）三女神の一、市杵島姫命と記し、諸社根元記には、田心姫神、湍津姫神、市杵島姫神三座と載せ、嚴島道芝記には、

嚴島の社と申奉るは、天照大神の御子三女神を齋ひたてまつるなり……特に三はしら

の御神の中に、市杵島姫命をあがめ奉りし御社なるが故に、いつくしま大明神と申奉るなり。大宮本社六座三女神市杵島姫命、田心姫命、湍津島姫命。相殿天照大神、國常立尊、素戔嗚尊。

とありて、三女神の中の一柱といひながら其の實三柱が祭られてあるといふ説である。かく祭神座數に異説あるは既に迷誤臆測たることが察知せられる。

二　宗像神とは如何なる神か

宗像三女神は神話によるに、天照大日孁貴と素戔嗚命と誓約によりて化り給ふ神とあり、古事記に三女神は胸形君等の持ち齋く神と載す。宗像君は姓氏錄に、

河内國地祇、宗形君、大國主命六世孫、吾田片隅命之後也。

とありてチアム系である。宗像の名義、ムナカタのムはミの轉でチアム語の敬語、建御名方神の御名方と同語、ナガタである。其の兄神といふ事代主神を祭る長田神社、其の祭祀者を神功紀に長媛といひ、其の子孫を姓氏録に長公とあるナガと同語、チアム語のナガ（Naga）龍の義

宗像君とは龍蛇神信仰族の稱

タは助辭で龍蛇神である。卽ち宗像君とは龍蛇神信仰族の稱である。然るに宗像を身形に解して神體の青玉、紫玉、鏡のこととなすは迷誤である。この三女神は日本書紀一書に、

卽以二日神所生三女神一者、使レ降二居于葦原中國之宇佐島一矣。今在二海北道中一號曰二道主貴一。

と記し、朝鮮より天降を物語るものである。天照大日孁貴は、後出雲派たる朝鮮ツングース系の崇拜神であり、素戔嗚神は前出雲派たるチアム系の崇拜神である。宇佐島は三國史記の新羅知澄三十三年に見ゆる于山國、一名鬱陵島といふ、于山のンを略してウサと呼びたるもので、斷じて八幡宇佐宮の宇佐と同語ではない。三女神が先づ鬱陵島に下り、後筑紫に徙りて宗像に祀られたることは舊説の一致する處である。三女神の傳は左の如くである。

日本書紀	劍に化生	田心姫	湍津姫	市杵島姫
紀一の一書	同	瀛津島姫	湍津姫	田心姫
紀二の一書	玉に化生	市杵島姫	田心姫	湍津姫

三女神は瀧を以て神名とす

市杵島姫の名稱は安藝國に起因す

紀三の一書　劍に化生　瀛津島姫 亦名市杵島姫　湍津姫　田霧姫

古事記　同　多紀理比賣　市杵島姫 亦名狹依比賣　多岐都比賣

とありて、三女神名の混亂を免れぬ。舊事紀に、邊宮高津姫と記す。湍津、田心、高津實はタキツの變化に過ぎぬ。藝備國郡志に、湍津姫を瀧津姫に記する如く、本來龍蛇神は水神なるが故に瀧を以て神名とした（諏訪神章參照）。それを三女神といふは三の數を尊ぶ思想によりて分化したるか、或は宗像を三像即ち三の形に誤解して三女神とするに至れるであらう。

三　市杵島姫神を宗像三女神の一名と爲すは錯誤

市杵島姫神の名稱は必ず安藝國に起因するものである。而して三女神は宗像が本國ならざるべからず。然らば市杵島姫を宗像の神名としては矛盾も甚しいものが存するであらう。故に市杵島姫神を以て宗像三女神の一と爲すは、新神話構成當時に於ける迷誤なることを發見するであらう。然らば其の錯誤の原因は奈邊より出でたるか、

三　市杵島姫神は日神なり

市杵島姫神の姫は本來日神の稱である。倭人語及び韓語で太陽又は日神をヒ（日）、ヒメ（日

の女神）ヒルメ（日孁）といふによりて、ヒメ（日の女神）を姫に誤解して豊玉姫、或は宗像三女神、或は神功皇后と成す例は多々ある。宇佐八幡宮に於ても第二殿宇佐比賣神、卽ち日神たるウツ神を姫に誤解して宗像三女神或は豊玉媛と稱へ、愛媛縣越智郡日吉村大字日吉、式內縣社姫坂神社の姫は本來日神、坂はツングース語のサカ（清）で神地の義である。それを姫に誤解して社傳に祭神市杵島比賣神とあるも同例である。固よりこれは單に媛といふによりて市杵島比賣と爲すもので無論日神としてゞはない。

市杵島姫神は本來日神であるが、日神を姫に誤解して其の御子たる姫神とするに至り、宗像三女神の一名として混淆さるゝに至つた。蓋し天照大日孁貴、素盞嗚尊の誓約神話は前出雲派と、後出雲派の媾和以來の神話であつて、大日孁貴はツングース系の信仰神であり、其の三姫神は大日孁貴の御子なれども、素尊の物實といふに因りて、素尊崇拜族たる宗像族が渴仰する譯である。然も日神の姫神たる點に於て彼此兩者同一なるが故に、新神話構成の際市杵島姫の名を宗像三女神の一稱とするに至つた次第と察せられる。故に三女神の神話は前出雲派、後出雲派の說話に、天孫人種系統の神が混淆したる譯である。

然れば市杵島姫神は、宇佐日女神と同例であつて、本來安藝國造の祀る日神たるウツの神である。之を市杵島姫といふは、前述の如く月神祭祀の島名を蹈襲したるに過ぎぬ。併し當社

嚴島神社は正しくは嚴島姫神社と稱すべし

嚴島神社の日神說

を嚴島神社といふは、式の伊都伎島神社の變化たるは勿論であるが、本來よりいへば、月神を祀る大元神社の舊號なるが故に、正しくは姫字を加へて嚴島姫神社と稱すべきであらう。

古事談に、

六波羅太政入道安藝國司之時、重任之功ニ被レ造二高野大塔一之間材木を手自被レ持ケリ。其時着二香染一之僧出來云、日本國之大日如來ハ伊勢太神宮ト安藝之嚴島也。太神宮ハアマリ幽玄也、汝適爲二國司一早可レ奉二仕嚴島一云々、守奇レ之貴房ヲハ誰トカ問ケレバ、奥院之阿闍梨トナム申ト云テ、カキケス樣ニウセテケリ、此僧ヲハ國司之外餘人不レ見レ之。

とあるは嚴島姫神の日神說で、當時日神といふ口碑傳說のありたるか、又は靈感に因りて原始史實を透見せるか、神託の言が原始史に一致する例は他にもある。何れにしても嚴島姫神の日神たることを證する。

嚴島道芝記に、

速谷大明神は三はしらのひめ神、いつくしまに、あまくだらせたまふときの從神五烏鎭座の地なり。はじめ三柱の姫神の部曲に侍りて浦々島々七所を見そなはし給ひ、笠の濱に宮所を求めさせ給ひし後、五烏は笠の濱より艮にあたつて、此平良郷に御光臨あり。……五烏御供所、御烏の神靈は二宮速谷大明神と跡を垂たまふ。今一雙の靈烏この山にすめり。毎日奉る供御、かりにも不淨あれば其儘にてすたれぬ。御島廻にやぶさきの沖において供御奉る、これを御烏喰飯と名づく、其の日は必此所にて奉る供御をあげ給はざるなり。御烏喰飯は午にて此山（彌山）の御供は朝なるに、豫其端ある事、筆にまかせ侍らんもおそろし。總じて此御山に烏幾千萬といふ數をしらず。其中に五烏雌雄は、神威あらたに類を離れ、外のからすあたりへ近づく事あたはず。……

神使烏は日神の使

その五烏は御烏の義で、當社に於て烏を神使と爲し、又鎭座に方りて烏先導の說話あるは、神武天皇先導の八咫烏に同じく、本來烏は日神の神使といふ思想に原因する。それは第十五圖バビロニアに於ける境界標の日神紋章の下に烏が彫刻され、烏は日神の神使たるに符合するが故に、之れ亦市杵島姫神の日神たる證であらう。熱田神宮にも烏祭がある。尤熊野の烏は祭神や所祭人種は異るも共に神聖視したる思想は一である。其の速谷神社を靈烏といふは、賀茂建角身神を八咫烏といふに同じく錯誤である。かく安藝國造が海神日神火神を三所に並祭せるは、一般天孫人種系氏族の習慣に一致する。

四　埃宮、多祈理宮

埃宮は宮島

猶神武天皇の駐蹕地たる安藝國埃宮（日本書紀）のエは、スメル語のエで家、宮の義、即ちエの宮は宮の複合なれども、本來はエの島であって宮島の義、後世エを入江に誤解してエノミヤと稱へ府中方面と爲し、古事記の多祈理宮を多家（オホノミ）神社と爲すが如きは誤謬も甚しい。藝備國志に埃宮を地御前と爲すは、單に想像ながら眞に近い。

多祈理宮の言義

多祈理宮の言義は、本社を宗像三女神に迷誤して祭神田心姫、湍津姫によりて多祈理宮と唱へたるもので、之れ亦嚴島の埃宮たることを證する譯であらう。嚴島圖會に此の島を一に霧島といふも多紀理比賣より發生したる名稱で、タキリ、タケリ同語である。又本社の鎭座を以て推古の朝と爲すが如きも、宗像三女神とする俗說に因るもので固よりいふに足らぬ。

本來三島が沼津
沼津は海神の津の義

第四章　伊豆國造と三島神、天蕤桙命

第一節　伊豆國の語原

伊豆といふ言葉は舊說にアイヌ語 Et = Etu 崎、鼻の義とも、出崎の義、湯出の義、伊都之尾羽張の伊豆などの說がある。併し伊豆國造は天孫人種系統であつて、一般天孫人種系本居の地名は、多くはバビロニア語で稱へられる例なるが故に、伊豆國名もバビロニア語を以つて解すべきであらう。伊豆の伊は伊勢伊豫に同じく助辭、豆はスメル語のツ（Tu）で津の義、和銅中に好字二字を以てすることになり津國を伊豆國といつたと想はれる。それは此の地に海神たるヤーの神の鎭座によりて本來津國と申した。卽ち三島の沼津港が其の本源と知られる。ヌマヅはヌナヅの變化、ヌノ津の義で、沼名前神社のヌナ、儺國の古名を奴國といふに同じく、セミチック・バビロニアンのヌヌ（Nunu）魚の義で海神を意味する語、津はスメル語で海神の津の義である。今の沼津港は三島町を距る一里半であるが、古代は傍地で、狩野川により埋沒せられ地形を異にしたるものである。

又三島の東南四里を隔て奈胡屋村がある。尾張の名古屋、駿河靜岡の奈吾屋神社と同語ナグヤ

天蕤桙命は火神名

ーである。併し此の地名は後世の襲名であらう。應神紀に「科二伊豆國一令レ造レ船、長十丈船既成之。試浮二于海一便輕泛疾行如レ馳。故名二其船一曰二枯野一」。また萬葉集に伊豆手舟の語ありて造船航海の術に長じた。加ふるに海神ヤーの轉訛神たる大山積神が三島神社に祀られてあるに依りて、沼津は海神の津の義で、伊豆國は津國なることが肯定せられる。

第二節　伊豆國造と天蕤桙命

伊豆國造は國造本紀に「神功皇后御代、物部連祖、天蕤桙命八世孫、若建命定二賜國造一難波朝（孝徳）御世、隸二駿河國一飛鳥朝（天武）御世、分置如レ故」と載せ、天蕤桙命は小市國造の段に述べたる如く、越智氏族が守護神とも祖先とも稱して祀る御鉾命と同名で、鉾のホはチアム語の火、コはヒコ、ヒルゴに同じく男性で火の男神の義、姓氏録に阿曇犬養、海神大和多罪三世穗已都久命之後とあるホコも同語、日神の子たる火神を意味する。又物部連祖とあるも靈部の義で、敢てマシ〱（masimasi）族たる宇摩志麻治の系統ではない。故に物部連同祖とは書れてない。隨つて天蕤桙命は物部連系圖に載せられざるによるも、此の國造は孝昭天皇の裔たる物部首、紀伊國造一族たる物部連等と同じく彼の系統以外の物部なることは、既に物部連章に述べた。

聖武紀に「天平十四年四月、賜㆓日下部直益人、伊豆國造伊豆直姓㆒」と見えたる日下部直に就て、舊說に伊豆國造には前後二國造ありとするものと、又日下部には物部連同祖あるによりて、此の國造は日下部の部分的伴造なりし故に日下部直を稱へたといふ兩說がある。併し之れ等の說は迷誤であらう。それは日下部を稱ふる氏族は物部氏族、丹波氏族、火闌降族等あるに因るも、物部氏族とは限定することは出來ぬ。況や物部は靈部の義で古代崇神頃神政を行ふ者を何れの人種たるに關せず、ツングース系の國語で物部と申したのであつて、決してマシ〳〵族たる物部連とは限らぬ。マシ〳〵族は其の祖神宇摩志麻治命を物部神社に祀る習慣であるが、この伊豆國造は小市國造と共に物部連又は物部連同祖と稱するも、宇摩志麻治を祀りたる形跡の更に存在せざるに據るも察知せられる。隨つて日下部直は伊豆國造の氏稱であつて、前掲の日下部以外の氏族であらう。

第三節　三島神

一　スメル系の海神なり

伊豆三島神社の祭神に就いても古來混亂迷誤されて、其の眞相を窺知することが出來ない狀態であるが、伊豆國造が天孫人種系なるにより、其の本居地に於て神政を行ふには、必ず一般天孫人種系諸氏の例に同じく海神日神又は火神等を並祭せしは、殆疑ふべからざる事實である。伊豆國造は古來伊豆三島神社を祭祀した。祭神は釋日本紀、日本紀纂疏を始め總て大山積神とある。大山積神は吾田國伊勢國の大山積神、小市國造、安藝國造族の祖神といふ大山積神に同じく、海神ヤーの轉訛神であつて實に海神である。本社の海邊近く祀られ、漁夫や船乘の信仰する由緣が知られ、且つ本社と關係傳說ある伊豫三島神たる大山祇神社も海島の海邊に祀られ、航海者の喝仰すると一致する次第である。

本后阿波神は海神

當社の本后を阿波神といひ、續日本紀「承和七年……阿波神是三島大社本后也」。文德實錄嘉祥三年阿波咩神に作り、同齊衡元年安房神に作り、今上津島に在る。阿波神は安房國安房神社、神功紀志摩の談郡と同語、バビロニア語のアハ海岸、又はアアヅバ海の義で海神の稱である。この阿波命神社を一に御瀧明神といふは水神は海神の德で、皇大神宮攝社大水神社、若狹遠敷神と同例、これ亦海神たる證である。既に茅渟章に述べたる如く、二十一社記の建角身神と伊豫三島神、伊豆三島神の同神說は共に海神たる點に於て原始史を傳へたる正說である。

三島の元名は沼津

延喜式に、伊豆國賀茂郡伊豆三島神社と載せ、單に三島神社と稱せずして殊更に伊豆三島神社といふは、必ず三島の海港沼津は海神鎭座の津の義で、伊豆國名の本源たる津であつて、恐らく

沼津を尊稱して三島といふ
沼津は海港の名に貽る

三島の原名なるが故であらう。それは伊豫の三島は既說の如く本來ノノの島卽ち原名ヌヌの島たる神島を尊稱して伊豫風土記に記する如く御島と申した。攝津三島も其の地勢が河川によりて島の如くであるから此處に鎭座の祭神を尊稱して三島溝咋、三島鴨神と申す次第である。伊豆三島も河川によりて島の如くであるから本來ヌヌ津（沼津）の神地を尊稱して三島と稱へた。それが後世地勢の變遷によりて海港の方に古名が貽されたる譯であらう。三島のミはチアム語の敬語、島はモン・クメール語で海陸共に地勢の逼れる處を指す語である。

然るに舊說に此の三島を以て伊豆七島より發生したる名稱と成すは採るに足らぬ。それは續日本紀、天長九年に「三島神及后神、伊古奈比咩神塞㆓深谷㆒摧㆓高岸㆒平造之地、廿町許……神異之事不㆑可㆓勝計㆒」とて名神に預らしめられ、また續日本後紀、承和七年には伊豆海島の大噴火造島を以て三島大后阿波神の靈驗として授位せられた。卽ち當時三島神は造島噴火の靈と爲し、其の大小の諸島は皆大神の妻子陪從神鎭座の地と看取せられたるものであつた。之れによりて三島の名を海島の總稱とし、三島神を諸島大神とも稱へた所以であるといふ說であるが斷じて然らず。其の陪從神の多くは中古作爲の神名であつて原始神話神でない。火山を神靈視して當時始めて諸島に鎭祭を語るに過ぎぬ。本后阿波神を上津島に祀るは必ず後の移祭であらう。

かく三島神社の祭神は、本來海神ヤーなるを山神に轉訛し、或は火山造島の靈と成して附會

伊古奈比咩は火神たる稚日女の名稱

せられたのであるが、當社が古代より現在の社域に鎭座したることは、此の地が本來沼津の地なりしこと、伊豆國造の本居地なりしこと、三島地名の此の地に起りたること、後に國府を置れたることなどによりて疑がない。舊說に元白濱の伊古奈比賣神社の同境内に鎭座せしといふが如きは、火山造島の神靈としての混亂で、ヤーの神に關與しない。

其の后神といふ伊古奈比咩神の名義、伊は助辭、古は籠神社と同語、この三島神と同神といふ建角身神の妃、伊可古屋日女の可古の略で火神名、奈は助辭ノの義、比咩實は日女で日の女神、即ち火神たる稚日女尊の名稱である。それを姬に誤解して后神とした。其の例は若狹比賣神、丹生都比咩神、安房神の后神天比理刀咩神、賀茂建角身神の后神伊可古屋日女の類である。

二　伊豫三島神との關係說

古來伊豆三島神は伊豫三島神（大三島國幣大社大山祇神社）を分祭せし處といふ。それは仁治關東紀行に、

伊豆の國府に至りぬれば、三島の社のみしめ内を拜み奉る……是社は伊豫國三島大明神をうつし奉ると聞く。

伊豫三島神移祭説は同神同人種として周圍の事情の酷似による

また源平盛衰記、文治元年五月の段に、

去七日ハ九郎判官（源義經）前內大臣（平宗盛）以下ノ虜共相具シテ都ヲ立テ……伊豆國三島社ニ著給フ。此宮ハ伊豫國三島ヲ奉レ祝。

と見え、伊豫より移祭といふ傳説であるが、伊豆國には古代天孫人種の一派が定住して海神を祭祀せるもので、伊豫越智族が移住したとは思はれぬ。併し原始史上から觀察すると同人種同祭神たる深き由緣が潛在するに因りて、移祭説の起る譯と知られる。兩社と二國造との類似點は次の如くで決して簡單なものではない。

〔伊豆國造と三島神〕	〔伊豫小市國造と三島神〕	〔一致點〕
物部連祖	物部連同祖	靈部
天蕤桙命（祖先）	御鉾神（祖先）	火神、祖先神
三島神現在神地の尊稱	三島神神島の尊稱	前印度系國語の尊稱

沼津（三島の古名 海港の稱號）	野々島（古名奴々島 三島の古名）	海神鎭座地の稱號
大山積神	大山積神（一名和多志大神祖神）	海神ヤーの轉訛神
阿波神（本后）	阿奈波神（攝社）	海神名

右の如く複雜なる類似點があるに因りて移祭說の起るは尤な譯であらう。隨つて伊豆三島大山積神は單に山神でなく海神ヤーなることが肯定せられる。山神は本來大山咋と申した。之れを大山積神といふは、新神話の神名である。海神ヤーを山神に轉訛せるは、言語の類似ばかりでなく、實は海神ヤーは地神エンキ（Enki）の神德を兼備せるが故に其の神德の然らしむる次第であらう。

三　事代主神に非ず

伊豆官幣大社三島神社の祭神は古來大山積神なるを、明治六年祭神を事代主神に改定せられたるが、果して前出雲系の事代主神であらうか、此の神名は坪井九馬三博士の說の如く、事は狩獵の事、代は知る義で、チアム系の貴神の子といふ神話である。其の祭神變更の理由は平田篤胤の古史傳に、廿二社本緣の誤脫文を根據としたる說を證となすものであつて、輕忽の罪を逃るゝことは出來ぬ。之れに就ては友人故醫學博士三島通良氏が伊豆國史蹟研究報告書に述べてある。其の說は大體に於て余の意見と一致するを以て左に摘記する。

㈠　伊豆の國府は和名抄在二田方郡一と云ふ。其國府と、國分寺たる金光明寺の所在地に就て、三島町塔の森に在りしと云ふ說の外に、萩原正夫は伊豆國府考に、其他竹村五百枝等は國分寺阯が田中村田京にも在りとの說を唱ふるものなり。果して然るか。——東京理科大學人類學教室柴田常惠氏及び余等二人は、大正五年八月伊豆國田方郡三島町及び田中村田京を踏査したり。而して三島町字蓮行寺に於て、國分寺の塔の礎、顯然と存在し、布目瓦・甎の破片夥しく有るを確め、總ての條件具備せるを以て、正しく之を國分寺阯と確認したり。又田京及び宗光寺等の視察に於て、田京には國分寺に對する何等の痕跡なく、宗光寺地名に於ては、蓮行寺のものと全く同一の布目瓦を出すことあるも、只それのみにて其の地勢上等より考ふれば、古へ國分寺の瓦燒場なりしものと認定したり。從つて田京には、國分寺の阯なるもの、存在せざることを斷定せり。

又從來三島町に於ける國分寺阯は、大社の東方國分、塔の森なりとの說ありしも、此邊には何等の痕跡なし。國分寺阯は三島大社の西方蓮行寺たること動かすべからず。右の確定に依り、伊豆の國府も亦三島町近傍に存在したるものにて、決して田中村田京に在りし事なきを斷言す。されば伊豆の國分寺は、延喜式より約二百年以前に既に今の三島町に存在せるものなり。

(二) 伊豆國は、北豆乃ち口伊豆(久伊豆)より南に向つて開けたるか、海中の島を始として、南豆乃ち奥伊豆より北に對つて拓かれしか、從來出雲の事代主神が先づ三宅島に漂着して其眷屬諸島に繁殖し、次で南豆下田町の北東方白濱に宮居し、其後漸次北上して、此國を開拓せるものなりとの說あり、果して然るか。――我等は大正五年八月北豆の三島町(元三島郷大社郷)その北方、徳倉(元長倉驛)土狩邊より、南東方の谷田(元八部郷にて和名抄八邦とあるは、八部ヤタベの誤なることを發見せり。)夏梅木(矢集ならんか)赤玉、柏谷、奈胡谷、長岡、江間(元依馬郷)近傍、田京(元狩野郷)邊より、漸次南豆の方に出で、下田(元月間郷)より白濱(元河津郷の內)を視て西に轉じて、賀茂、加納(元賀茂郷)妻浦、子浦、伊濱等を踏査せり。然るに先住民並に古大和民族の遺跡、遺物は口伊豆に於ては實に驚く可きほど豐富にして、その古墳關係品に於ては、駿河國有渡郡地方よりの系統を引けるもの、北より南に向つて繁より簡に存在し、遂に田中村の大仁附近に到りて盡きたり。之れに反して南豆に於ては、今日に至るまで、未だ唯一の古墳だに發見せられず、先住民の遺物も亦極めて少くして、僅に指を以て數ふるに足るのみ。白濱神社の南東方なる往古の社地より得たる土器も、藤原時代以後と認むべ

事代主神の伊豆國に關係說は德川時代末の構造說

伊豆國には延喜式前に出雲系の神なし

き祭器なり。其他遺物も、遠くも藤原末期以後のものと認むべき劍鏡懸佛等あるのみ。依つて察するに、南豆地方の開拓は、決して藤原末期以前に溯ること能はざるものと認めたり。

古典には固より事代主神の東海に來れることを載せず。其他の記錄亦一として之れを證明するものなし、德川時代の末に至りて、事代主神が三宅島を根據として伊豆に發展せりとの說を唱ふるに至りし唯一の記錄たる三宅記なるものは、原名三宅島藥師如來緣起と稱する僧侶の手に成れる御伽噺的の緣起にて（此書の中に事代主の神名を記し居らず）、勿論史料に供すべき價値あるものにあらず。其他白濱緣起と稱するものは、右三宅記と同物と認む可く、伊古奈比咩神社緣起は、德川末期の作物にて、孰れも證據材料にあらず。本編（六）に於て說述する如く、二十二社本緣も、亦史料とするの價値なき書なり。

從つて事代主神は伊豆國に對して何等の關係なきこと明白なり。現に延喜式神名帳に掲げられし、伊豆國の式社九十二坐の多きを算するも、此内に未だ一社だも須佐之男命、大國主神、事代主神等前出雲系の神を祀りし神社あらざるを以ても之を知るべし。

との說の如く、北豆には先住民及び日本民族を構成する天孫人種、倭人、チアム系等の遺物遺

伊豆國のチアム族は前出雲派にあらず

賀茂は田守神の義で事代主神等の專稱ではない

蹟あるも、南豆地方には殆見るべきものがない。之れによるも南方より渡來せる前印度モン・クメール族や、チアム族等の定住は噴火によりて造島を語られた伊豆諸島にあらずして、北豆に在ることが知られ、加ふるに前出雲系統に屬するチアム族の神たる須佐之男、大名貴、事代主等の此の國に祀られたる證跡なきによりて、此の國のチアム族は前出雲系統にあらざることを證する譯である。況や俗說の如く事代主神が三宅島を根據として伊豆に發展云々といふが如きは、固より一顧にだも値せぬ。

下田を元月間鄕といふは、チアム系の古信仰神たる月神が此の地に祀られたることが知られ、延喜式賀茂郡加毛神社二座はチアム系の田守神が祭られ、田方郡大朝神社は朝倉の朝に同じく同語の Aha て食物神が祭られ、伊古奈比咩神社の鎭座地たる白濱村字長田は武庫の事代主神を祭る長田神社、其の司祭者たる長媛（神功記）、三島溝咋の裔といふ長公に同じく同語の Naga（龍蛇）で、又那賀郡の地名も同語であつて龍蛇信仰に基く名である。之れによりてチアム族が太古に於て定住したることが知られる。

併し之れ等チアム族の祭る神は前出雲派たるチアム族の神でなく、隨つて事代主神を祀りたる形跡は更に存在しない。事代主、阿遲鉏高彥根神を祭る地や社名を鴨といふは、本來原始神たる田守の神の名稱踏襲からであつて、固より伊豆の加茂は原始神である。故に此の名稱は出雲派の事代主神等の專稱ではない。然れば三島神社を以て事代主神と爲すの斷じて誤謬なることは灼然として居る。

然して又積石塚は、本來後出雲派たるツングース系なるも、其の遺物が駿河有度郡地方よりの系統を引くといふ。有度郡には日神たる有度神卽ち後の草薙神社と、海神たる名古屋神社がある。この地も後出雲派の居住は不明である。伊豆も亦その遺跡を有しないやうであるからこれ等の古墳は虞らく天孫人種の踏襲であらう。

三島神社に見目（御妃）六柱（其の神名は波布比賣命、久爾都比賣命、優波夷命、伊賀牟比咩命、伊波乃比賣命、佐岐多麻比咩命）及び十六王子の稱あるも、其の神名の多くは、中古の作爲としか思はれぬ。后神といふ伊古奈比咩、本后といふ阿波神のバビロニア語又は其の變化なるによるも、本社祭神の如何が決定さるゝ譯である。又同氏は、

(三) 伊豆三島神社は延喜式神名帳には、伊豆國賀茂郡の最初に掲げられたり。爰に於て白濱の社人藤井伊豫昌幸は、此神社は元三宅島より、南豆の白濱今の伊古奈比咩神社の地に遷され、後に雄神のみ三島町に遷されしもので、延喜式の當時には、白濱に在りしと云ひ、田方郡川西村の萩原正平同正夫等は、此神社は三宅島(1)より白濱(2)へ、次に田中村の深澤

三島神社の社地は古來移動せず

神領地を舊稱により賀茂郡といふ

明神社元式の輕野神社の地(3)に、次に三島町(4)に遷されしものなりと說けり、近年邨岡良弼、吉田東伍、藤田明の諸氏多くは此說に循へるが果して信か。――伊豆三島神社は、大山津見神を祭りしものにて、古來今の大社の所在地邊を動かざりしこと明白なり。此社の移動せることを證すべき文書一もなし。（一）は三島明神を事代主神と誤認し、（二）は延喜式に、此神社を賀茂郡に掲げしより來れり。三島明神は大山津見神なる事、古來一回も異說なかりしを、平田篤胤翁の謬說の爲に、事代主神と誤られし事は、下（六）に述ぶる如し。又今の三島神社所在地は、元來賀茂郡にして、他より移り來りしものにあらず。延喜式の前に、田方郡の郡域擴張せられし時、此地方より東海岸の地までが、田方郡に編入せられたれど、當時三島神社の神領地だけは、舊の儘に賀茂郡として遺されたるものなり。其證據は、今の三島神社の社域のみならず、北は元の一町田村、社家村（宮後村）西は四の宮川、小濱池、南は狙が原邊迄も、皆賀茂郡なりしことは、秋山章の、豆州志稿にも、此地方は當時總て君澤郡なりしに拘はらず、上記の地に存在せる村里、山嶽、寺院等悉く之を賀茂郡の內に掲載せるを以ても、之を識るべし。元來三島神社移動の證なきは勿論、假りに遷坐せられしものとするも、其舊所在地の郡名郡域までが、併せて二十餘里を隔てたる他郡の中間に移さるべきものにあらず。此の如き例は、未だ見聞せざるなり。之に反して郡界の變動

社地を賀茂といふ理由

神社所在地のみは賀茂郡

したる場合に、社領寺領の如き地に限りて、舊の儘郡名を保存したる實例は嚴存せり。

といひ、三宅島より白濱に轉々遷座說の如きは、中古に於ける火山神靈と成すに根據する現象で、固よりこの國に於ける原始人種の原始信仰と沒交涉であるから論ずるに足らぬ。三島神社が古來三島町に鎭座せることは、原始史の立場からするも更に疑が存せぬ、從つて延喜式の賀茂郡三島神社、また和名抄、賀茂郡大社鄕三島鄕は、後の田方郡三島町三島神社の地なることは、此の說の如く必然である。社地を賀茂といふは賀茂建角身神の場合に同じく、本來チアム族によりて此の地に田守神が祀られたる名稱で、其處に天孫人種系の神を鎭祭せられても、猶襲名存續せるに過ぎぬ。更に氏は、

(四)　和名抄に大社及三島の二鄕を賀茂郡の末に揭げたり。而して藤井昌幸は、此二鄕を今の白濱より稻生澤邊に在りしものとし、萩原父子、邨岡、吉田諸氏は、三島は伊豆の海島の總稱にして、大社鄕は稻生澤邊なりと認めたり。此にて誤なきか。——上說は全然誤りなり。既に三島大社は、古來賀茂郡三島驛內に鎭座し、他より移されしものに非す。田方郡域の變更せられしときも、三島社の神領だけは、從來の儘賀茂郡として、取遺され

三島郷は三島町にて決して諸島に非ず

し事明なり。故に假令三島周圍の地が、田方郡なれ郡宅郡なれ、神社所在の地のみは往古より明かに賀茂郡たるに相違なければ、延喜式神名帳に於ても、之を賀茂郡の初に掲けたるは當然なり。又大社、三島の二郷も、元より賀茂郡たる三島町邊に存在したるものなれば、和名抄が之を賀茂郡の末に掲けたるも、亦當然の事にて何等疑ふ可き必要なし。却つて海上數十里の間に、碁布せる數島を併せて、一郷となす如きは、あり得可らざる事ならずや。三島郷は今の三島町にして、大社郷は元宮後村、後の社家村として、豆州志稿も之を賀茂郡の末に掲げしものなり。**要するに延喜式以前、賀茂郡の北豆の部分が、田方郡に編入せられしとき、三島の神領たる、大社三島の二郷は、舊の儘に島の如くなりて、田方郡域內に貽されしものなり。**此と同じ例は他にもあり、毫も疑ふを要せず。

(五) 國史に伊豆島、伊豆三島とある、伊豆島は伊豆の大島を指し、伊豆三島は海島を指すと萩原父子、邨岡、吉田諸氏の說なり。此に相違なきか。——特に島名を掲げたるものは別なれど、伊豆國へ配流の件を記したる所に、伊豆島と云ふは、伊豆の國と云ふこと、三島は勿論今の三島町邊なること疑なし。何となれば凡そ當時の刑法に於ても、配流の人は國府所在の地方に於て、常に國司の監視を受く可きこと、恰も今の監獄が地方廳の所在地にある如くなりしなり。而して伊豆の國府が三島町邊に在りし以上、夫より數十里を距てゝ、交通困難、監視不可能なる島嶼に、當時流人を留置せし筈なし。眞に伊豆の島嶼の中、殊に大島に流人を送りしは、恐らく保元元年に源爲朝を流したるを以て最初とせるならんか、其以前の分は多分伊豆國内なりしものにて特に類聚國史の天武以後淳和天皇紀にある配流のものは其の伊豆島、伊豆國、伊豆三島とあるもの恐らく悉く今の三島町付近に配流せられしものと認む可し。依つて萩原等の說は誤りなりと信ず。

卽ち舊說に三島は伊豆諸島の總稱とするのであるが斷じて然らず。此の說のやうに三島町なる事は、前述の如く、三島は其の地勢が河川によりて島の狀態となりたる稱で、沼津卽ちヌナヅたるヌヌの津のヤーの神を尊敬して三島と申したるものである。海島から來たる名稱とする說は、既に火山造島の靈とする迷誤から發生したるに過ぎぬ、更に又祭神に就て氏は左の如く述べた。

(六)　伊豆三島神社の祭神は、古來大山津見神なりしを明治六年當時の小宮司萩原正平氏の上申に依り突然事代主神に變更せられたるが、此の變更は其當を得たるものなりしか。

――此祭神變更は極めて不當なり、苟くも官幣大社の資格ある神社の祭神を古傳說を排して之を變更せんとするは、餘程正確なる根據を有せざるべからず。余は萩原正平氏の上申書を披見したる事なければ、其の理由を知らずと雖、此の上申書の演繹とも見るべき、同人の子正夫氏の著せる事代主神事跡考なる書を閲すれば三島明神卽ち事代主神説の根據とするところは（一）は三宅記と稱する書、（二）は萩原正平氏の師、平田篤胤翁が二十二社本緣を唯一の證文として斷定したるものに外ならず。

三宅記は元と三宅島藥師如來緣起と稱し、多分足利末期以後、恐らく徳川時代の初期に於て、僧侶の手に作られしお伽噺的の本地垂迹説風の緣起にて勿論史料としては三文の價値なきものなり。次に平田篤胤翁が唯一の證文として用ひたる二十二社本緣は、余が大正五六年間の研究に依れば、准后北畠親房の著せる二十一社記を盗用贋作せる極めて杜撰の書にして、其原本たる二十一社記の存在せる以上、二十二社本緣は無用の腐書なりとす。今篤胤翁の證文として三島明神を事代主神としたる山城賀茂社の條文を抄出すれば左の如し（二十二社本緣は群書類從本に依り、二十一社記は、內閣文庫所藏版本に依れり。但宮內省圖書寮所藏眞字文、故井上頼圀翁所藏片假名平假名交文の三本共に內閣本と同文なり）。

「廿二社本緣」賀茂事、賀茂社、賀茂和山城之賀茂、葛木乃賀茂登天坐寸、各別之神也。葛木乃賀茂波鴨登書計里都波八重事代主乃神登云、賀茂家陰陽道乃祖神天都奉齋也。此地神ニ坐須（此の間に十二字の脱文あり）伊豆國賀茂郡仁坐寸三島乃神、伊豫國仁坐寸三島乃神同體天仁坐寸登云利惠天神都和申世登母、

何乃神登云事（此六字挿入文）所見不レ詳（カ詳）

とあるに依りたるものなるが、此文通りに解釋するときは、獨り伊豆の三島の神のみならず、式に大山積神社と明記せられし、伊豫三島神も亦事代主神ならざるべからず。然るを篤胤翁が伊豆の三島明神のみを事代主神と斷定したるは如何、且つ又下文の「天神とは申せども何の神と云ふ事所見不レ詳」と云ふを何と解すべきか、然るに准后親房の「二十一社記」の同條を見れば、

> 賀茂社　山城ノ賀茂、葛木ノ賀茂トテ座ス各別ノ神也。葛木ノ賀茂（鴨トモ申）都波八重事代主神ト云。賀茂家陰陽道ノ輩祖神トモ奉齋也。是ハ地神ニテ坐ス。山城ノ賀茂ハ天神ニテ坐ス。伊豆ノ賀茂ノ郡ニ坐三島大明神、伊與ノ國ニ坐三島ノ神同體ニテ坐スト云々。天神トハ申セドモ所見未レ詳。
>
> 「二十一社記眞字文」

山城ノ賀茂、葛城賀茂トテ坐各別神也。葛城ノ賀茂ハ鴨ト申、都波八重事代主神ト云、賀茂家ノ陰陽道ノ輩、祖神トモ奉レ齋也。是ハ地神ニテ坐。山城ノ賀茂ハ天神ニテ坐。伊豆賀茂ノ郡ニ坐三島大明神、伊豫ノ國ニ坐三島神、同體ニテ坐ト、天神トハ申セドモ所見未詳（圖書寮本）〇此眞字文は第二報告によりて補ふ

之を視れば二十二社本緣に於ては「是地神にて坐す」の次に「山城の賀茂は天神にて坐す」の十二字を脱漏せる上「天神とは申せども」の下に「何の神と云事」の六字の冗文を加へたる爲に、全文の意義通せざる事となれるものなり。以て本緣の如何に杜撰なる書なるかを證して餘あるものにあらずや。而し當時篤胤翁と並稱せられし、伴信友翁は、右社記を所持せる爲か、彼の書には、社記を引用すれども、嘗て本緣を引用したる事なきに反し、篤胤翁は本緣あるを知りて、其の原本なる社記を看たること無き爲に、此杜撰なる書に信憑して、絶えて他の古典には根據なき、三島明神即事代主神說を唱へ、且つ之を以て大發見の如く信じ、其門下生等亦深く研究することなく、此說に盲從して、翁の卓見と心得遂に明治六年の祭神變更なる不正事を生ずるに到れるものなり（第一報告書）。

文化十二年三月四日、篤胤翁は書を伴信友翁に送りて、二十二社本緣賀茂の條文に依り

て伊豆三島神社は決く事代主神なりと通信せり（足立欽太郎著藤井伊豫傳、並同人著「幸藻」一九頁及七八頁）。之にも拘はらず信友翁は遂に篤胤翁の提議に同意せざりしなり。……篤胤翁は此本緣の文を唯一の根據として、文化十二年三月四日に、伊豆三島神社の祭神は、事代主神に相違なしと確定して、之を伴信友翁に通知し、なほ其後も其著古史成文に「積羽八重事代主神坐㆓伊豆三島社㆒、此神之后謂伊古奈比賣命」と記し、古史傳には「伊豆三島神社はうづなく津國三島神社を遷し祀れるなり」と記したり。……篤胤翁が此の如き愚說を公表するに至りしには、其裏面に於て何等かの原因なくばあらず。……文化文政より天保の初に於て、伊豆國賀茂郡白濱神社の社人に、藤井伊豫昌幸なる者あり。彼は元と吉田家の門下なりしが、故あつて白川家に入門し、文化十年には江戸に出で丶平田篤胤翁の門に入る。門人帳に依れば、昌幸は五百五十三人の門下中、第四十八位に署名せりと云へば、後に云はんとする、萩原正平等には兄弟子なり。昌幸は又伴信友翁の方にも出入せしことあり。彼は權謀に富める非望家にして如何にもして白濱神社を延喜式神名帳の伊豆三島神社なりと、世人及び幕府に誤認せしめ、自ら宮司たらんとする野心を發して、目的の爲には手段を擇ばず的の悪辣なる行動を敢てしたる結果、遂に同村の禪福寺長田寺と爭ひて天保七年十一月江戸に牢死せり。事の委しきは、白濱神社神德發揚會出版「幸藻」に載せたり。

右の昌幸は文化八年齋藤彦麿氏に囑して「伊古奈姫神社縁起」を綴らしめ、同九年白川資延王は、昌幸の請に應じて、五社神號の棟札を下附せられ、同年又平田篤胤翁に囑して「伊古奈比咩命神社縁起」を綴らしめたり。以上の二縁起及び白川王の染筆額面に於ても、伊豆三島神社は、大山津見神を祭りしものとし、伊古奈比咩命を以て、此神の后とし、開耶姫、磐長姫兩命の母と記したり。此く記したる篤胤翁が四年の後には、二十二社本縁を唯一の根據として、三島明神を事代主神と變說したるを看れば、藤井昌幸と篤胤翁と師弟の間に於て何等かの脈絡の通じたるものなからずやは。……篤胤翁が彼の謬說を唱へ出せし爲に伊豆の官幣大社三島神社の祭神が、同國に何の緣故もなき事代主神に變更せられたる不正事を惹起するに至りしのみならず、従つて世の學者をして伊豆の地理及び歴史の上に大々的の誤解を生ぜしめ、遂に國史の正系を紊すに至らしめたる罪は決して宥す可からざるなり(第二報告書)。

と以て事代主神に變更したる經緯と、本社が此の神に非ざる所以とを察知すべきであらう。積羽八重事代主神の積羽は津三輪、卽ち大和の三輪に對する語で、津國鴨神社の名稱である。此の鴨神社のチアム系の神なる由は既に伊豫國章に述べた。伊豆三島神、伊豫三島神、賀茂建角

宇津宮

身神の三社同神說は原始史上海神として同神であつて、二十一社記の傳は實に原始神を傳へたる驚くべき正說である。此の海神たる三神を天神といふ理由は茅渟章に述べたる如くである。

第五章　穴門國造と宇津神、住吉荒魂神

第一節　穴門國造と宇津神

穴門國は後の長門國で、穴といひ長といひ下關海峽の形容であつて共に倭人語であらう。國造本紀に「穴門國造は、纒向日代朝御世（景行帝）櫻井田邊連同祖、邇伎都美命四世孫速都鳥命定賜國造」とあるも出自は詳でない。仲哀紀に、穴門直踐立所レ献之水田、名大田」とも、神功紀に、穴門直之祖踐立を以て住吉荒魂を祭る主と爲すとある直は、國造の姓であつて踐立は穴門國造の祖である。

住吉荒御魂神社の西方約五十丁、綾羅木村（今、豐浦郡川中村大字綾羅木）に宇津宮八幡宮がある。本社は明治四十二年神社整理の際、同村大字有富八幡宮及同村大字延引八幡宮との三社を合併せられ、神社を移轉して社名を川北神社と改稱せられた。宇津宮の名義は伊豫國の宇津

神社（今安藝國に屬す）、下野國宇都宮神社に同じく日神ウツを祭られたる稱である。當社を一に八幡宮といひ、祭神を應神天皇一座と成すは後世の錯誤であらう。綾羅木の地名アヤラギはアハラギで志摩國阿波羅岐島と同語、ヤはハの轉、ラは緩和の語、アハギで橘小戸阿波岐原と同語、海岸の義か、然らざれば綾木であらう。其の地理も外海に面し、書紀第十の一書の、馬關海峽を橘小戸阿波岐原とする傳說に關係ありとは思はれぬ。海神鎭祭地は必ず神功紀の山田邑方面である。

此の國造は神功皇后征韓後に於て住吉荒御魂神を專ら祭祀することになりたれども、本來一般天孫人種系と同じく、古代に於て此の地に海神日神及び下說の如く火神を並祭したる趣が察知せらる。攝津住吉神社にも大海神社を攝社として祭り、第四本殿姫神宮は宇佐比賣神に同じく日神ウツで、それを後世誤解して神功皇后とし、又火神を鉾社として祭祀した。然れば津守連も本來その祖先によりて海神日神火神等が並祭せられ、征韓後に住吉神を主祭する譯であって彼此共通する。

第二節　住吉荒御魂神と穴門直祖踐立

住吉荒御魂神は、延喜式に「長門國豊浦郡住吉坐荒御魂神社」と載せ、今、豊浦郡勝山村大

神座は右上

字楠乃、舊山田村官幣中社住吉神社である。神功紀の征韓凱旋の段に、

於是從レ軍神、表筒男、中筒男、底筒男三神誨二皇后一曰、我荒魂令レ祭二於穴門山田邑一也。時穴門直之祖踐立、津守連之祖田裳見宿禰、啓二于皇后一曰、神欲レ居之地必宜レ奉レ定。則以二踐立一爲下祭二荒魂一之主上。仍祠立二於穴門山田邑一。

とありて、山田邑は伊勢國山田、大隅鹿兒島神宮の內山田、薩摩國加世田の內山田、宇佐八幡宮の舊社地たる小山田の類に同じく海神鎭座地の名稱である。住吉神は縷說の如くシューチ(南風)の神、卽ち鹽土神と同神で、この住吉神の原所は皇の國たる大隅國である。延喜式神名帳頭註に、豐浦の住吉、那珂の住吉は攝津國住吉の地名に因るといふは尤であるが、併し津國の大隅住吉の地名の本源は大隅國である。

當社神座の順序は、八幡宮本紀に本社は南向と記し、筑紫道記に、西の第一住吉神、次八幡、高良、神功、諏訪の五柱とありて、八幡又は高良以下は後世の合祀で、固より主神は住吉三座であるが、本社も天孫人種系一般の古大社の例の如く右方を高位とした。併し本社を荒魂といひ、幸魂奇魂和魂などの稱は、本來ツングース系の思想であつて、天孫人種系の語ではない。

踐立とは火神稱名

秋根若宮神社

穴門直の祖踐立の名義は、應神天皇を譽田別命と申すホムダと同語、タは山田、長田に同じく助辭、即ち火貴別と同語、ホは火、ムチは大名の義で火神の稱である。日神を祭る氏族は火神を稱へる習慣である。踐立命は住吉神社の攝社兼村社として勝山村大字秋根、若宮神社に祀られた。秋根は安藝國のアキと同語、火神アクの轉、根は韓國嶽のカラクニ、印度の火神アグニに同じくニの轉ネで助辭、本來はアグの火神が祀られたる稱である。若宮は一般に於て火神を祭る例なるが故に、宇津神の若宮たる火神が祀られたる名稱で、祭神は踐立命即ち火神なるに一致する。尤穴門直の祖たる踐立は、火神を以て稱名としたるもので、本來若宮の祭神ではない。

第六章　信濃諏訪神

第一節　諏訪の語原

信濃國諏訪郡諏訪神社の名義は、スメル語のズアブ

Zuabu

の略で海の義、本來深淵の意で水底より著想したる語であるが、後世は海の語に使用せられた。然れば本來海神の祭祀から社名地名ともなり、殊に諏訪卽ち湖を意味する語である。信濃國は古代月神シンを祭り、月の名所の國として有名であり、又夙に安曇連一族を始めとし、此の國には天孫人種系の本居するもの甚だ少くない。周防國、周敷等もズアブの轉で海神に關係する。

諏訪社には上下の二社がある。其の上社の南方刀美神社は中洲村に、下社の八坂刀賣神社と稱へるは諏訪町に鎭座してある。然らば其の何れがズアブの神であらうか、之れを原始史上から觀ると、本來諏訪神は斷じて御名方神でも、八坂刀賣神でもない。先づ之れが解決には、上下二社祭神の本質や由緒に就て徹底的研究を要する。

第二節　上諏訪社祭神の本質

一　南方刀美神の名義と神性

南方刀美神は長田の神

御名方神は宗像の神と同語

龍蛇信仰は表像神使にて祭神にあらず

上諏訪社たる南方刀美神社の祭神、南方刀美神卽ち御名方神は、前出雲派たるチアム系の貴卽ちmunĕi（大名大神の義）たる大名貴神の子で、御名方の御はチアム語の敬語、名方（南方）は此の神の兄神といふ事代主神を祀る武庫の官幣中社長田神社の長田と同語、チアム語のナガ（Naga）龍の義、タは助辭、神功皇后紀に「事代主尊誨之曰、祠二吾于御心長田國一、則以二葉山媛之弟長姫一令レ祭」。また姓氏錄に「和泉國地祇、長公、大奈牟知神兒積羽八重事代主命之後也」とある長媛、長公は長田、長髄彦の長に同じく龍の義で、チアム族の龍蛇信仰から起りたる言葉に外ならぬ。御名方は宗像と同語、ムナカタのムはミの變で、ナカタは長田である。御名方の兄神といふ事代主神は、大己貴神が宗像の邊津宮に坐す高津姫神に娶ひて生み賜ふと舊事紀に見え、宗像卽ち長田の神を祭る宗像族は、大己貴神の裔で同族である。又此の神の父神といふ出雲大社には白龍の信仰があり、上諏訪氏は神胤で大神氏である。チアム系の大神を祭る三諸山大物主神は崇神紀に小蛇とも、雄略紀に大蛇とも見え、今もミイサン（蛇神）といつて渇仰されてゐる。但龍蛇は祭神では無い、下鴨を八咫烏、速谷神社を烏、魚を海神又神使といふ如く表像、神使である。

かくて御名方神を祭る上諏訪神社は、諏訪郡中洲村に鎭座し、中洲の中は諸國の地名、那賀、中、長、と同語、龍蛇の義、洲はチアム語のシ（Si）の變で、筑紫、兄猾のシに同じく、至上

諏訪の古名は長田御長田或は長師

の尊敬語である。筑紫は月神を尊敬してシといひ、兄猾はウケ（穀物）の神様を以て名とする酋長である。故に中洲は長師と同語で、長の神の尊稱から地名となりたることが肯定せられる。前出雲派たるチアム族は、初杵築に月神を主神として祭り、其の信仰衰へて貴神に變更された。然して後出雲派たる朝鮮ツングース派は、鐵劍を佩きて出雲に侵入し、將にチアム派の沒落に近づきて、同族たる建御名方神即ち長田族は、舊事紀に、建御名方神の母系を記して、高志の沼名河姫とあるによりて、高志方面の長田族が同族の急を救ひ、敗北して故國方面に退却し、遂に信濃に定住して、其の崇拜神たるナガの神即ち御名方神を祭りたることは動かすべからざる事實であらう。御名方神は固より人格神である。然るに之れを祖先人と爲すは誤であつて、古代は祖先人を神として祀る習慣は絶對に存在しない。

猶此の地を諏訪といふは下說の如くバビロニア派定住後の地名であつて、本來は國史に南方刀美神とも、建御名方富命前八坂刀賣神ともありて、ナガタ、ミナガタ、或はナガシなど稱へたるに相違ない。

二　南方刀美神と事代主神の同神傳說

記紀等の神話によると、南方刀美神と事代主神とは兄弟神といひ、別神とされてゐるが、之

南方の神と長田の神たる事代主神は同神

れを原始史から観ると、各々長神として同神である。それは上記によりて言語神性の同神たることが知らるゝばかりでなく、社傳が之れを明記してゐる。それは信濃奇勝録に次の如く記されてゐる。

下諏訪祭、……正月元日午の刻神輿を秋社より春社へ遷す……。七月一日春社より秋社へ遷す元日の如し……。此日は御船祭とて青柴をもて船の形を作り、**事代主神の像とて、夫婦二神の像をかりに作りて上に立、**數百人裸體にてこれをかき、三度社地を廻りて秋宮に至る。其いかめしく貴き事いふばかりなし。**神功皇后三韓征伐の御時、當社と住吉との御神を御船に祭り給へりければ、海上無難に御軍勝利し給へりとて、御船祭は有ける。**

とありて、事代主命の像を立つといひ、神功皇后三韓征伐の時、當社と住吉の神靈を御船に祭られて勝利し給ふといふは、神功紀に神助し給ふ廣田、生田、住吉、長田の神とある其の事代主神を語るもので、明に本社祭神は長田神たる事代主といふ傳説である。即ち長田神たる南方刀美と長田神たる事代主と同神たることを物語るものである。之れ全く原始信仰神としては同神たるに相違ない。

出雲地方の長田神と信濃の長田神は本來同神

諏訪神の軍神たる傳說は記紀神話以前の原始神を傳へたるものなり

長田族が敗北して信濃に定住し、其の崇拜神たる長神を此の地に祀りたるを、後世人格神たる長神を祖先に誤認して、南方刀美神が追はれて諏訪に至り云々との新神話が發生したるに因り、自然出雲畿內地方の長田（事代主）神と、信濃の長田（南方刀美）神の異動を生ずることになりて、別神たる神話が構成せらるゝに至れる譯が察知せらる。

古來諏訪神社を軍神といふは、神功の朝三韓征伐に於ける長田神の神功を語るものである。然るに新神話に於て之れを別神とするによりて、戰敗神たる矛盾を生ずるに至つた。故にこの點を古典研究者の懷疑する次第であるが、本源に溯れば斷じて敗亡の神を勝利神として祀るの理由が存在しない譯なるが故に、軍神傳說は必ず記紀神話以前の原始神を語りたるものである。然れば此の傳說の貴重なることが知られやう。併し右の神輿渡御祭は、本來上諏訪の南方刀美神社に於て行はるべき性質のものなるに、之れを下諏訪祭とせしは、春秋二社に於て春秋二期に神輿を交換的に渡御する習慣から遂に下社に於て執行する譯で、決して本來下社に關係を有しない。それは下說に因りて明である。

三　祭祀の習慣

然らば上諏方社には、古來如何なる習慣を傳へてゐるか、それは古史傳に次の如く記されてある。

上社下社と二に別りて、上諏訪は建御名方神にて、拝殿は有れど宮作りはなく、社地に大なる石窟あるを神の坐所と申して、其四隅に大なる柱を立て、此を御柱と云て宮に擬へたり。此柱を七年に一度づゝ、立替あり、其祭を御柱祭といふ。

と見えて、此の御柱はウラルアルタイ系のソモや朝鮮蒙古地方のシャーマニズム教のシャーマなどの神杵崇拝といふ説あるが、神杵は我が國の神籬に類似したるものである。此の御柱は今日我が國に於て一般に竹を四隅に建て注連繩を張る習慣と同様で、決して神杵崇拝でなく、神聖を表示したるものなるが故に、全くボリネシヤ群島のタブーであつて、チアム族の習慣を傳へたるものであるから祭神に一致する譯である。又石窟を神座とするといふ説あるも、之れは石窟でなく全く石に過ぎぬ。墳墓説は迷誤で其の形跡が存在しない。本來積石塚はツングース族の風俗で決して長田族の習慣にあらさるが故に、若し之れありとせば後世の踏襲に過ぎぬ。併し此の御柱内の岩は神座を意味するであらう。

猶上諏訪の大祝諏訪氏は建御名方神の裔といふことであり、且つ大祝の號は諏訪が本源とせられてゐる。祝はマラヨ・ボリシアネ語の Holi 舞子踊の踊手（娘）、Homam 供物犠牲等の語で、本來チアム語なるが故に長族の素因が最も濃厚なる譯である。祝を日本書紀の訓に、ハフリとあるによりて、一般にハフリと訓みて怪まないのであるが、併し之れは通俗に諏訪大祝と呼ぶ如くホヲリが原音である。

第三節　下諏訪社祭神の本質

一　本來海神日神を並祭せらる

下諏訪社は上社南方刀美神社より北西三里を隔て、古來御名方神の妻神八坂刀賣神といふ傳說であるが、それは中古に於ける錯誤であつて、下社は斷じて妻神では無く、其の妻神の神社は別に存在してゐた。下諏訪社は諏訪郡諏訪町に鎭座するに因りて、既に當社が海神たる諏訪神の根源なることを物語つて居る。信濃奇勝錄に、

下諏方祭、本社二ヶ所、和田嶺へかゝる所の社を春社といひ、上諏訪への往還、湯の町の南に有を秋社と云。正月元日午の刻、神輿を秋社より春社へ遷す……。七月一日春社より

秋社へ遷す元日の如し……

とありて、下諏訪に春社秋社の二殿並立は、本來春秋遷座の爲めといふやうな單に贅澤なる意味では無く、當社は天孫人種系一般の習慣の如く海神と日神とを並祭したるに原因する。それを後世誤つて春秋を以つて社號とし、隨つて遷座の風習を生じた。

秋宮は日神

二社の一殿秋宮は下諏訪に鎭座し、古來比賣神といふ。南方刀美二座考に、下諏訪の千尋池の中より出たる古銅印文に「賣神祝印」とある賣神は、猿女公の祀る賣太神に同じく本來ヒメの神と訓むべきである。ヒメは向津姫尊、稚比賣尊と同語、倭人語並に韓語の日女卽ち日の女神の稱なるが故に日神である。それを女神に誤解して南方刀美神の妻神とするに至れるは甚しき迷誤である。當社を妻神八坂刀賣神、又は下照姫、神功皇后等の異說あるは、全く日女を姫に迷誤したるに因る。

春宮は海神

春宮は海神稱名たる和田嶺近き山田村に鎭座し、古代は湖邊であつた。木曾路名所圖繪に「下諏訪春宮の末社若宮」とある若宮は、天孫人種系諸神社の例に因るに海神の孫火神である。祭事等も當社より先づ執行せらるゝは、伊勢外宮を先づ祭祀御參拜ある理由と一致するものがある。これ等の例證は必定春宮が首社であつて、日神の父神たる海神なる由が察知せられる。古傳說に下諏訪社祭神二座說あるは正傳である。故に當社に春秋二社並立は海神日神を並祭する天孫人種系氏族の習慣を證據立つるものであつて、斷じて妻神八坂刀賣神にあらざることが炳然としてゐる。

二　前宮の地が本來八坂刀賣神の鎮座地

然らば妻神八坂刀賣神は何れに祀られたるか、本來此の神は、續日本後紀に「承和九年十月奉レ授二信濃國无位建御名方富命前八坂刀賣神從五位下一」と記し、文德實錄、三代實錄等も皆この書例である。前はキサキと訓み妃神の義である。此前神を祭りたる舊跡が、上社南方刀美神社の傍地に存在してゐる。卽ち大日本史神祇志に「按或云、八坂刀賣社、別在二上社南十町許高部村一稱二前宮一」とある地である。八代國治氏は諏訪上社は建御名方神の第宅にて、前宮は最初の第宅なり。下社も女神八坂刀賣命の第宅なり（諏訪神社の研究）と述べ、前宮の舊跡を以て建御名方神の最初の住所と成す說であるが、之れは下諏訪を以て妻神と信じ、且つ前字を過去の義に誤解したる爲である。前宮は斷じて前字や過去の義で無く、御名方命の前八坂刀賣神社の跡であるから必ず前宮はキサキノミヤ（后宮）と訓むべきである。吉田東伍氏が前字をキサキ（后）と訓みたるは眞を得て居る。本來神社第宅說の如きは、神話上の人格神を以て史的實在と爲す說なるが故に固より採るに足らぬ。

伴信友の南方刀美神社二座考に、

南方刀美命 前八坂刀賣神の前は、南方刀美神の前の事取持たまふ由緣ありて相殿に祭られたるが故なり。……今上諏訪に上諏訪社、下諏訪にも下諏訪社ありて、**並に二座の神を祭りて**一座は南方刀美神と申せど今一座の神名は詳ならず。（其一座はいはゆる前八坂刀賣神に坐せる事上に辨へたるが如し。）いづれ式内の社なるにか定かならずとぞ。今推考するに、上古より仕奉り來れる大宮司の大祝と云ふが、古より上社の方に住著きて在りといへば、其の上社ぞ本社にて、下社は諏訪の地を上下と別てる後に、上諏訪なる本社より移して、下諏訪にも別に祭來れるにぞあるべき。

と述べ、前を御前の義と解し、上下二社並に同神とし、下社は上社の分祠といふは空想に過ぎざるが、古來上下二社共に各二座說あるは、本來上諏訪には南方刀美神社と前宮の地に妻神八坂刀賣神社との二社ありて、それが何れの時代にか前宮は南方刀美神社へ合併せられたるのである。上社 前宮の遺跡たる宮川村には現に上社 前宮といふ小祠が存在してゐる。延喜式に南方刀美神社二座とあるは、固より八坂刀賣の二座であるが、併し之は上諏訪社同殿二座の義で

前宮廢社の時代

下諏訪を妻神と誤認の時代

八坂刀賣神の名義

なく、必ず上下二社の稱であらう。勿論當時前宮は廢社されてゐたと思はれる。前宮の廢社は下諏訪を妻神と誤認したる時代以後に於て、之れを不要として南方刀美神社へ合併されたるに相違ない。其の誤認の時代は未だ確徴を得ないが、前後に述ぶる處を以つて想像するに中古の前期頃であらう。

其の妻神といふ八坂刀賣神は如何なる神なるか、其の名義、八は彌の意、坂はツングース語のSak清で神地の稱である。之れをチアム語で稱へずして、ツングース語を以て呼ぶは、チアム系本來の信仰用語でなく、隨つて此の神名は後世の稱號なることが察知せられる。

三　神主及二社の關係

下諏訪社の神主は、皇別たる科野國造族たる金刺舍人乙穎が、初て用明天皇の朝に下諏訪大祝に補せらるとも、信濃奇勝錄には「下諏訪大祝金刺氏は神姓なりしが、欽明天皇の皇子金刺王、社務職たりしより金刺を姓とす、後醍醐天皇の御宇中絕……」とも、地名辭書に「上下兩社の神主は姓氏を異にし、下宮は科野國造の裔なるに、上宮神主は建御名方命の胤にして神家と云ふ、卽大神氏とす」とありて、二社各神主を異にし、本來其の間關係あるべくもない。科野國造は國造本紀に「瑞籬朝御世（崇神）神八井耳命孫、建五百建命定賜」とありて、最も早く此の國に本居した。當時の事情は、彼の崇神天皇四世孫三諸別が上毛野國造に、其の子奈良別が下毛野國造に封ぜられて、宇都宮に日神ウツを祭りて神政を行ひたるに併せ考へる時は推測に難くない。チアム系崇拜の主神の地に接し、スメル系の神を祀りて神政を行ふは極めて深き理由が存在するであらう。併し本社の鎭座は此の國造の創祀とは思はれない。必ず夙にバビロニア系氏族が本居して神政を行ひたるものであらう。假に之を須波族といふべきである。

兎にかく古代の諏訪社（下社）は南方刀美神社（上社）に何等の關係を有せざるは兩社神主の各人種を異にするに因りても知られる。然るに持統紀「五年八月遣二使者一祭二龍田風神、信濃須波、水内等神一」とある須波神は、南方刀美神社の分祠たる水内神〈下説〉と共に掲げたるによれば、當時既に二社を混淆して單に須波神といつたやうである。然れば續日本紀「仁明天皇承和九年五月奉レ授二信濃國諏訪郡无位勳八等南方刀美神從五位下一」とあるは、勿論上社で「同年十月奉レ授二信濃无位建御名方富命前八坂刀賣神從五位下一」とあるは、虞く前宮の社でなく下諏訪社であらう。故に諏訪社（下社）を妻神に誤認したる時代の舊きことが首肯せられる。

かく下諏訪は妻神の社でなくして天孫人種系の神なるが故に、本來兩社の習慣は決して上下といふが如き對立的關係を有するものでは無い。それは木曾路之記に「上諏訪の祭、三月酉の日なり……鹿の頭を七十五、俎にのせ神前に備ふ……下諏訪のまつりには鹿をそなへず」。また信府統記に「上ノ諏訪、下ノ諏訪ニテ服忌ノ差別アリ」とも載せて、其の一斑を觀て全豹を察すべきであらう。

第四節　祭神混淆の理由

本來上下二社は、縷説の如く祭神が全然異つて居る。然るに混亂せらるゝに至れるは、必ず深き由縁が無ければならぬ。之れが理由を摘記すれば、先づ下諏訪社は夙に衰微して由緒を忘失せられしこと、南方刀美神社の優勢なりしこと、地理の接近せしこと、下社秋宮の日女を姫に誤解せしこと、神徳の類似せしこと等である。併し其の多くは上述に因りて殆說明の必要を認めざるが故に、之には神徳の類似に就て述べる。

諏訪神はズアブの神即ち水神海神である。新バビロニアで海神チアマット（Tiamat）は龍蛇神、大地の母神と信ぜられた。然して建御名方神も長の神即ち龍蛇信仰神であつて、亦水神たる神性がある。それは持統紀「五年八月遣㆓使者㆒、祭㆓龍田風神、信濃須波、水內等神㆒」とある水內は、神名帳考證に「水內ハ水神也。水神和名美豆知、和泉國泉井上神社云㆓水內社㆒」とある如く、水內はミヅチ即ち蛟で水神である。此の水內神は、延喜式「水內郡建御名方富命彥神別神社」であつて、長野市善光寺境內に明治十一年まで鎭座し、年神堂八幡宮と稱へた。長野は水内神の鎮座地でナガは龍蛇神の稱名なるが故に一致する。或はナグアヌで天神鎮護地の義とも解せらるゝが、天神祭祀の縁故がない。水内社は建御名方富命彦神別神社とあるによりて上諏訪社の別宮卽ち分祠である。分祠が蛟神なるが故に、本祠の蛟神卽ち龍蛇神で水神なる由が知られる。又長田神たる攝津國の三島鴨神、卽ち事代主神が八尋鰐に化して三島溝咋姫に通ふとあるも、龍蛇神たる信仰からである。海神豊玉姫が產時に方りて龍と化るとも、八尋大熊鰐に化るともあるのも、八岐の大蛇が簸川の川上に棲むといふのも、水神といふ思想からである。本來前印度モン・クメール族の主神たる龍王は單軀七頭の蛇であつた。モン・クメール族と混血族又は其の思想を受けたるチアム族も之れを崇拜した。南支那の閩越族は大蛇を祖先として崇めた。日本で龍字の神社や祭神が少くないが、本來はモン・クメール系（倭人）か、又はチアム系に祀られたる神である。要するに二社神德が相一致するに因るも混淆の助成が察知せられる。

信濃國の語原

南方刀美神龍田神の風神たる理由

猶信濃國の語原は、更科といひ科野といひ、スメル語の月神シンSinの音便シナで、古來月の名所の國として月神更科神社も祭られたるが故に月神の國を意味する。然るに舊說に信濃國を以て風の國となすは全くチアム語のシナSina風と同語であり、且つ南方刀美神社の神德によるものである。それは持統紀五年に龍田風神と共に須波水內の二社を祭られ、伊勢風土記逸文に、御名方神の伊勢國より八風を吹起して、信濃國に入りたる由見へ、また南方刀美神社に風祝ある由縁は祭神神德に因るものである。即ち龍の潮巻は大風と共に大雨を伴ふものなるが故に、水神であり亦風神である。從つて南方刀美神社や龍田神を風神と爲す信仰は至當である。かく國名の本源は月神の國とするも、風神の國とするも、各理由がある譯である。

併し科野國造は皇別であり、一般天孫人種系本居の國名は、多くは其の原語を以て稱へる例であるからバビロニア語を以て解釋すべきであらう。しかのみならず上社社地の舊稱は、本來中師或は長田、御長田で、下社社地は須波と稱す。然して科野國名は皇別たる科野國造の呼稱する所なるが故に、科野は月神の國と解すべきであらう。要するに國名の如きも、かく錯綜して居る。異人種の接觸より生ずる矛盾は常にかゝるものがある。諏訪社祭神迷誤の如きも深き理由の伏在することを察知すべきであらう。

第七章　廬原國造と有度神、奈吾屋神

第一節　有度神と草薙神社

草薙神社は有度神社か

駿河國安倍郡久能山は、舊有度郡有度山といひ、その濱を有度濱と稱へ、天羽衣の天女を以て有名である。有度は和名抄宇止と註し、日神ウトが祀られた。それは延喜式「有度郡草薙神社」は、今久能山の北麓有度村大字草薙に鎭座する縣社草薙神社で日本武尊を祭られてある。この尊は一名小碓尊といひ、ウスは日神ウツの轉訛で、日神名なるが故に有度神社たる疑がある。景行紀四十年の條に、

冬十月、日本武尊初至駿河……一云、王所佩劒、叢雲、自抽之薙攘王之傍草、因是得免。故號其劒曰草薙也。

とあるは既説の如く有度の草薙神社に係る説話で、本來草薙神社は有度神、此の地の三穂神社は火神で、兩社は野火と草薙靈劒説話の本源である。本來草薙神社はウト神社で、アッダド神に關係なきを、野火の説話によりて日本武尊の説話が發生し社名を改稱したか、又はウト神社の外に後世神話によりて神社を創設したかは疑問であるが、何れにしても草薙神社は本來アッダド神祭祀ではない。況や古代は人靈を神として祭られたる例の存在せざるが故に景行帝の皇子では無い。然るに之れを皇子と爲すは新神話の變化である。

奈吾屋神社祭神は海神玉依姫

第二節　奈吾屋神

静岡市の賤機山に鎮座する國幣小社神部淺間大歳御祖神社の域内に、古來地主神と祀られてある奈吾屋神社は、駿河國志に「淺間本社……一本社四社但三棟、淺間、總社山宮、奈吾屋」と記し、大日本地名辭書に、

駿河國安倍郡（舊有度郡）奈古屋神社、今賤機山に在りて、兩社（總社、新宮）の域内に別宮として奉らる。近年之を以て式内大歳御祖神社に擬するは誤れり……古老の傳に、此山の地主神にして、今も此邊の民戸は奈古屋神を氏神とせば、最舊社なるべし。

と載す。駿河國式社略記に「有度郡大歳御祖神社、賤機山の麓に坐て、今は奈古屋神社と云へり。奈古屋といふは森の字なり」と記し、兩社を混淆するは誤であるが、奈古屋は縷說の如くナグヤー Nagu-Ea 卽ち海神鎮護地の義で、此の地は古代海港として海神ヤーの神が鎮祭せられ、有度山のウトの神と並祀されたることが灼然として居る。

古事類苑神祇部の神部淺間大歳御祖神社例言に「大歳御祖神社ハ玉依姫ヲ奉ル」とあるは、

大歳神社と奈古屋神社との混亂說に因るもので、本來大歳神社は前出雲系に屬する穀物の神たる大年神で、決して海神玉依姫ではない。玉依姫といふは奈吾屋神の傳說である。奈吾屋神社といひ、祭神を玉依姫といふは、實に天孫人種系原始時代の言語と祭神とを傳へたる稀有の事實である。

第三節　庵原國造

盧原國造は靜岡市、阿倍郡（舊有度、阿倍）庵原郡地方で、國造本紀に「志賀高穴穗朝（成務）御代池田坂井君祖、吉備武彥命兒、意加部彥命定二賜國造一」とある。說話に吉備武彥は大伴武日と共に日本武尊の元帥といはれてある。庵原は舊說に庵の義に解するも、イは助辭、ホハラはチアム語の火原で、野火と靈劍の說話に因る稱名である。姓氏錄に、

盧原公、笠朝臣同祖、稚武彥命之後也。孫吉備武彥命、景行天皇御世、被レ遣二東方一、伐二毛人及凶鬼神一、到二于阿倍盧原國一、復命之日、以二廬原國一賜レ之。

阿倍庵原國は吉田東伍の說に、庵原國の中に稍後世に至り安倍氏の移住して、遂に連稱する

庵原國造は皇別の吉備族に非ず

譯で舊庵原國である、姓氏錄は追記に過ぎずと。安倍の語原はチアム語のアビ火の義である。有度神、奈古屋神の創祀者は庵原國造であらう。古事記に燒津の野火を相摸國と爲すは誤なるも、賊を國造と記るす。然らば庵原國造以前にバビロニア派本居して奈古屋神、有度神を祭りたるものと想像せらるるも、併し此の說話は事實にあらざるのみならず、前住反逆者の祭る神社を其の儘祭祀すべきにあらざるが故に、庵原國造の祖が此の地に定住して祭祀したとしか思はれぬ。尤も成務帝頃に原始語のウト、ナグヤーを稱へて神政を行ひたるべきは、下毛野國造の祖も成務頃宇都宮に本居し、日神ウツを祀りて神政を行ひたる事實があるに因りて、當時猶原始語を稱へたとするを防げないとしても、併しその本族といふ吉備國には原始神を祭りたる形跡なきのみならず、皇別たる後吉備族が有度神、奈古屋神を並祭するといふは頗る疑問である（後吉備族の段參照）。然れば庵原國造實は天孫人種系の氏族であつて、夙に此處に本居し、それが野火の說話に因りて後世假冒したるに過ぎまい。

有度濱の傍地にある三穗神社はチアム語の御火で、本來チアム系の祭祀で、當社が野火、庵原（火原）名の本源なるが察知せられる。故に此の地に天孫人種系とチアム系の接觸を物語るものであるが、併し皇室に關係ありとは思はれぬ。

要するに庵原國卽ち火原國にウト神社があり、小碓尊の薨去を傳ふる伊勢能褒野に、この

高島宮はコジマの宮と訓む

尊の御陵墓傳說がある。能褒野はバビロン語で火神をナブともネボともいひ、ネボの變化ノボ（火神）野の義か、又はノボ即ち野火であらう。またこの尊の古跡といふ伊勢尾津神社は、日神ウツの變で、大和國造の祖長尾市、小市國造の祖小千命などのウツの轉ヲチ、ヲヅたる疑がある。かく野火、火神、日神等に關係あるは注意を要する。

第八章　吉備族と所祭神

第一節　吉備國名の本源と前吉備族

吉備國の語原は、舊說に韓語、倭人語の黍の義と爲すも、本來バビロンの火神ギビル（Gibir）であらう。それは黍が神名とならぬ限りは殆地名とはならぬばかりでなく、神武紀に吉備國高島宮はコジマの宮と訓み、即ち今の兒島である。高をコと訓む例は、天津日高、日高見國、穗高見命（一名穗己都久命）、穗高嶽と同例で、本來籠神社のコと同語、カコ、カゴの省略で火神名なるが故である。然るに之れをタカシマと訓むに因りて不徹底となるのである。兒島は決して韓語の大島の義ではない。

建日方別は日向國の名稱である

古事記に「生吉備兒島亦名建日方別」とある日方は、崇神紀の奇日方天日方武茅渟祇と同語、ヒナタ（日向）であつて、日向國の古稱である。此の兒島定住の氏族は、日向國大隅より移住して祭祀したるか、または火神と共に海神並祀の疑がある。

神武紀の高島宮を舊說に「今備前兒島郡灣中に高島あり、然れども小嶼にして師旅を駐るべき地にあらず。其對岸六町許りに宮浦あり、其舊趾なりと云ふ」とある宮浦は、今兒島甲浦村の大字で、神武天皇高島の行宮によりて此の名稱があるといはれてゐる。同村大字飽浦は宮浦の北に接し、飽浦の名義は、火神アク（Ak）に因る地名であらう。駿河國飽波神社、志摩國の英虞、安藝國と同語で、之れは原語を變化なく傳へたるものであらう。倭人語にアク、アキ（飽）の語あるも地名として隱當でない。飽浦の古墳より嘗て銅鉾を發見せしに據るも、舊地なることが知られる。原始時代に於て天孫人種系が此の地に本居して火神アク卽ちギビルの神を祭り神裁政治を行ひたるもので、神武帝が火神を名乘る安藝より轉じて此のギビル族に據り給へるといふことの極めて自然なるが故に、吉備國名の本源は必ず此の地に在りと想はれる。併し此の舊吉備族は夙に衰亡して皇別の吉備族によりて此の國は統一せられた。

神武帝東移と行在所の人種

猶神武帝東移の狀を日本書紀に因るに、豐後宇豆彥族、宇佐族、岡水門族、安藝族、吉備族、茅渟族等に關係があり、悉く天孫人種系である。就中岡水門は洞海で、若松鳥畑（門端）の

名籠屋族
崗縣主

灣である。此の地は仲哀紀の「名籠屋大濟」で、今、鳥畑市北部に名古屋の地名を存し、本來海神ナグヤーの地なるが故に、神武帝は必ず岡水門族たる名護屋族に據り賜へりと察せられる。然るに古事記に筑紫岡田宮一年坐と記し、岡縣主に關係ありとするはいかが、岡縣主はチアム派で、アガ、ウガの神を祭る族であるから錯誤であらう。

第二節　後吉備族と加古族

古事記孝靈の段に、大吉備津日子命と弟若建吉備津日子命と二柱相副て、針間氷河の前に忌瓮を据ゑて、針間を道の口と爲して吉備國を言向け和す……」とある。余は此の皇別を後吉備族といふ。其の系統は左の如くである。

氷河の名義
加古川は火神アグの轉カコ
日岡神社

孝安帝
- 大吉備諸進命
- 孝靈帝
  - 比古伊佐勢理毘古命（亦名大吉備津日子命）
  - 日子寤間命（亦名彦狹島命）
  - 稚武彦命（若建吉備津日子命）
    - 吉備津彦命 — 吉備武彦
      - 御友別
      - 鴨別
      - 意加部彦

吉備國征伐の道の口として、戰勝を祈願したといふ、播磨の氷河は加古川ともいひ、今の加古川町である。氷河の名義は出雲の肥河と同語、モン・クメール語の火河の義、加古川は鹿兒島神宮のカコ、天香山のカグと同語、火神アクの轉である。加古川の畔に氷丘村ありて日岡神社がある。播磨風土記に、

加古川にて戰捷を祈る由緣

望㆓覽四方㆒云、此土丘原、野甚廣大、而見㆓此丘㆒、如㆓鹿兒㆒、故名㆓賀古郡㆒。狩之時一鹿走㆓登於此丘㆒、鳴聲比々、故號㆓日岡㆒。有㆓比禮墓㆒、坐神大御津齒命子伊波都比古命。

と載せ、比禮墓は枚聞神社、枚岡神社と同語、倭人語韓語の火神名の轉で、日岡は氷丘にも作り、出雲の肥河と同語、火神祭祀の丘である。風土記にこの丘を鹿に誤解し鹿兒の如しといふは、原名鹿兒丘で加古川の本源たるが察知せられる。

舊說に「延喜式、日岡坐天伊佐佐比古命神社は、孝靈紀に皇子五十狹芹彥命、亦名吉備津彥命、吉備臣等祖とある五十狹芹彥命にて、風土記に伊波都比古命とある波は、狹の誤、その大御津齒命といふは孝靈帝の御名なるべく、日岡の比禮墓は風土記に、故號褶墓者、昔大帶日子天皇妃、印南別孃、薨㆓於宮田㆒即作㆓墓日岡㆒ありて、景行天皇の皇后の御陵にて前方後圓なり」とある。其の說の可否は兎にかく大御津齒命は水神即ち海神で、日岡坐天伊佐佐比古命神社の比古は、倭人語韓語の日子即ち日の男神の義、氷丘は加古川の本源なるが故に本來火神を主祭し、日神を並祀の山へ墳墓を設けたるが知らるゝと共に、吉備國へ二十餘里を隔つる加古川に忌瓮を据ゑて戰捷を祈りたるは、吉備族と加古族と深き由緣があるであらう。應神紀にこの播磨加古を鹿の義と爲すは誤であるが、其の日向髮長媛を貢する說話は加古族が古代

播磨國號は神託を宣言する神職名

大吉備津日子命は本來日神

日向國大隅の鹿兒島神宮の地より移住を物語るやうである。

針間國の語原は、セミチック・バビロニアンのハリ（Hari）神託を宣言する神職の名で、マは助辭、然れば播磨の國號は古代に於て此の加古川の地に日神火神等を鎭祭して神政を行ひたる名稱に起原する。假りに之れを播磨の加古族といふ次第である。然れば當時大吉備津彦祭祀族は、先づ此の加古族に據りて此の地を吉備國征伐の策源地とせし理由が想像に餘りあるであらう。

備中國官幣中社吉備津彦神社の祭神大吉備津日子命は、ギビルの神に關係なく、本來皇別は日神を祭りて神政を行ふ例なるが故に、伊豫國造と伊豫豆比古神、宇和族と宇和津彦神に同じく、必ず吉備族が日神を倭人語を以て大吉備津日子神と稱へて祭祀したるに相違ない。それが中世に至り迷誤して、これを國造の祖先として祀ることに變化した。原始時代に關係なき古代の氏族は概この例である。

第九章　秋津神、沼名前神、大多麻流神、風早國造

秋津洲の國號は大和南葛城郡秋津村大字室の火神たる秋津神に起因する

天御虛空豐秋津根別の神

第一節　秋津洲國號の本源秋津神

日本の本洲を日本書紀に、大日本豐秋津洲とあるは、火神アクツ洲の義である。古事記に「生大倭豐秋津島、亦名謂天御虛空豐秋津根別」とあるは、必ず鎭座の靈神なる由が察知せらるるに、日本書紀孝安天皇卷に「遷都於室之地、是謂秋津島宮」と載せ、今大和南葛城郡秋津村大字室に宮址が在る。神武紀に、天皇腋上嗛間丘に登り、蜻蛉の臀呫せるが如しと詔り給ひ、之より秋津洲の號ありと記すは、此地を物語れる後世の俗談に過ぎぬが、併し地名室は、大神神社の三諸山に同じく必ず鎭座の靈神に因ることが察知せられ、且つ室の地に遷都して之を秋津島宮といふは、夙に火神アクを祀れる秋津神社の鎭座して地名ともなれることが肯定せらるるも、神社は早く衰亡して知るに由が無い、古事記の天御虛空豐秋津根別の神は必ず室の靈神であらう。それが孝安天皇の宮號ともなりし以來秋津島夜麻登の稱あり、後遂に本洲の總號ともなりたる譯であらう。

古事記に、雄略天皇の吉野に幸し、次に阿岐豆野狩に方り御腕の虻を蜻蛉咋ひ去りたるによりて、號けて阿岐豆野といふとあるは、神武紀類似の俗談であるが、此の阿岐の地名は倭姫命世記に「六十年癸未還二大和國宇多秋宮一」とあると同處であつて、秋の地には夙に火神たるアグの神の鎭座して地名ともなつた。即ち今宇陀郡神戸村延喜式内縣社阿紀神社祭神秋姫命は火神アクの變で阿岐地名の原所である。當社は決して秋宮假設以來の神社にあらずして、必ず其以前に於て天孫人種系氏族の創祀に係り、社號が地名ともなりたる譯であらう。それは同じく太神宮奉齋の三諸宮の名稱も、チアム系大神族の祀る大神神社の三諸山に因り、名草宮も紀伊國造の祖名草（又宇治）族の祀る名草神に原因するが故に、此地にも必ず早く火神の鎭祭せられたる譯が肯定せらるるからである。萬葉集に、輕皇子宿于安騎野時、柿本朝臣人麿作歌と載せ、延曆儀式帳に阿貴に作り、今吾城、秋山等の地名を存ず。

此地は秋津洲號の起因といふ何等傳說の觀るべきものはないが、併し前掲秋津島宮號の起れる室の地にも必ず火神アクの鎭座せることを傍證するに足るであらう。舊說に秋津を以て瑞穗國の稻による號と爲すは、古代に於ける地名起原の事情を無視せるものである。

第二節　沼名前神は大三島神社の地の御前

國幣小社沼名前神社は、延喜式に備後國沼隈郡沼名前神社と見え、本社は海神綿津見神が祭られてある。沼隈郡沼名前の名義は、セミチック・バビロニアン語のヌヌツクドマ（Nunu-kudoma）の略轉で、ヌヌは魚の義、魚は海神の召使として海神其の者と同視せられ、隨つて

鞆津は日神ドムーヅ

海神を意味する語であるから社傳と符節を合するが如くである。ツはナと同語助辭ノの義、クドマは前の義で、ヌヌの海神の地の御前を意味する。其のヌヌの海神とは、卽ちヤーの太魚（伊豫二名）のヌヌの島（大三島の古名）に鎭座する大ヤーの神たる大山積和多志大神なるが故に、當社は大三島神社の地の御前である。伊豫の越智（日神）族の分派が早く此の地に移住して、ヌヌの地の御前として祭祀せることが察知せられる。

當社鎭座地を鞆といひ、其の津を鞆津といふほ、エリヅ海港の主神ヤーの子、日神ドムーヅ（Domu du）智恵の子又は深淵の子の義で、ムとモは同音なるが故に同語である。鞆はその下略であらう。然らざれば日神タム（Tam）の變化で、何れにしても日神名であらう。然れば一般天孫人種系の習慣の如く、此の地に海神と日神とが並祀せられたることが首肯せられる。

本社は一に渡神社とも稱へ、土俗ワタシサンと呼ぶ。神社啓蒙に「渡神社、在㆓備後國沼隈郡鞆㆒、所祭之神一座、船玉命。卜部說曰、猿田彥也」。また八幡宮本紀に、

俗傳の說にいはく、皇后（神功）西國におもむかせ給ふ時、備後國沼隈郡鞆浦において舟楫をそろへ、兵食をたくはへてみちたち給ふ。其の地の渡といふ所にして、鞆を以て神璽として船玉命猿田彥大神也を祭り給ふ。故に此地を鞆浦と名づけぬ。その祭り給ひし船玉命は、

今の渡の神社これなり。

とある猿田彦神は、既説の如く一名衢神といひ、バビロニア新語のチマタ海又は海神の義であり、猿田は同語のサル、シヤルリで王の義、ダは助辭で、神の王の義、卽ち海神を神の王として、ベルとして祀られたる名稱である。此の神を海神（又船玉命）といひ、社名を沼名前神社といふは、原始時代の言語信仰を傳へたる稀有の事實である。又當社を一に渡神社といひ、大三島神社を伊豫古風土記に一名和多志大神といふ、本祠分祠の同稱たることが一致する。本社の鎭座を神功皇后の征韓に附會し、鞆津の名を以て鞆の神璽と成すが如きは俗說で固よりいふに足らぬ。大日本史神祇志に、

沼名前神社今在鞆浦曰渡明神蓋祀二和多須神一。按諸書云、本社祀二船玉神卽猿田彦神一恐誤。神功祈二海路平安一、名曰二渡明神一、卽其爲二海神一也審矣。渡讀爲二和多須一、與下隱岐海神社稱二和多須一者上同、蓋謂二海神豐玉姬一也。

といひ、祭神が海神たるには相違ないが、併し猿田彦神を海神と爲す傳說を以て誤といふは、

此の神に關する天孫降臨奉迎の神話、而も猿田（神の王）を土語のサダル（先驅）に誤解して作爲せられたる新神話を信じて、原始信仰神を知らざるが爲に外ならぬ。猿田彦神を海神として祭る例證は少くない。

神社覈録に、沼名前神社祭神素盞嗚尊、今祇園牛頭天王と稱すとあるは、渡神社と祇園社とを混淆せる謬說である。それは國花萬葉記に「渡社、沼隈郡鞆に在り、疫隅社、右同所號二祇園一」とある如く二社ある譯である。官社祭神考證に「沼名前神社、明治八年五月十五日沼名前神ノ御靈代ヲ祇園社ニ遷座シ、祇園神ヲ以テ相殿神トセラル」とあるによりて炳然としてゐる。

第三節　周防國名の本源大多麻流神

周防は和多抄、須波宇と註し、或は周芳に作る。言義は諏訪、周布と同語、ズアブ（Zuabu）海の義で、本來海神祭祀に起る名稱である。然らばズアブの神は何れに祭られたるか、それは周防の屋代島たる大島に存在して居る。古事記、諾冊二神の國生の段に「生二大島一亦名、謂二大多麻流別一」と記し、大日本地名辭書に、此大島を一名屋代と云ふにより推せば、夙に鎭座の靈神ありしを知る。今小松村に一宮明神ありて、大畠瀬戸に臨み、大玉根神と云ふ。古事記大多麻流別蓋是也。古今著聞集に「基隆朝臣、周防の國を知りける頃、保安三年十月に語りけるは、彼國に島の明神とておはします。神主牢籠の事ありて、論じける者にて、神田を刈取らんとしけれど、寶前より蛇三百計り出で、其後猶刈らんとしければ、烏數萬飛來り神田の穗を食拔く云々」とあるも、必定この屋代島なり。

とある大多麻流別といひ、大玉根神といふ玉、多麻はセミチック・バビロニアンのタマト（Tamat）卽ち海の義で海神である。多麻流のルは夜をヨル、ヨラ、日をヒル、火をヒラといふ如く助辭。大島を一名屋代島といひ、和名抄屋代郷の名義は宮（御屋代、卽ち神社の稱で、實に大多麻流別神たる大玉根神社の鎭座に因る號である。此の神社の在る小松村（屋代郷の海村）に屬する海峽の島を笠佐島といふは、吾田長屋の笠狹と同語、セミチック・バビロニアンのカスス（Kass）、カシュシュ（Kaššu）最愛の義であらう。

然ればこの大島に天孫人種系が原始時代に本居したることが知られる。周防國名の本源は實に此の屋代島の大玉根神社に起因するものである。然るに舊說に、和名抄、熊毛郡周防郷を以つ

石城神社

て國名の起因と爲すは無稽である。其故は今周防村は小周防とも呼び、本來周防國造の本居たるは傳説の如く確かであるが、其の地勢は山間の避地であり、一般天孫人種系の如く海神や日神を祭祀したる形跡もなく、加之周防國造は天津彦根命の裔で、本來朝鮮ツングース派である。周防村の傍地、神籠石を以て有名なる石城神社は、栗田寛の説に、周防國造の祖天津彦根命を祀るといふ。此の神といひ神籠石といひ、共にツングース系統の風俗信仰神である（皇室と高天原神話章參照）。然れば此の周防村は斷じて國名に何等關係を有たぬ。國名が郡名や村名に關與しない實例は、安藝國安藝郡安藝郷（府中）は國府設置後の轉名で國名に由縁なく、伊豫國伊豫郡伊豫村も伊豫國造の本居たるに起因する名稱で、國名と縁故を有たぬ。薩摩國の阿多郡阿多村も中古郡衙設置以來の名稱で吾田國名に關係せざると同例である。

大島國造周防國造共に後出雲派

此の大島には大島國造がゐた。國造本紀に「大島國造、志賀高穴穗朝（成務）无邪志國造同祖、兄多毛比命兒穴倭兒命定賜」。また「周防國造、輕島豐明朝（應神）茨城國造同祖加米乃意美定賜」と記し、古事記に「天菩比命之子、建比良鳥命、此出雲國造、无邪志國造等之祖」。また「天津彦根命者、周防國造之祖」とありて、二國造は同人種である。かく大島國造は成務朝なるが故に、周防國造より前に定められたる譯であり、隨つて大島が周防名稱の本源ならば、なぜ大島國造を周防國造と稱へざりしかとの疑問が起るであらう。併しそれは大島即ち屋代島たる大玉流神は、本來此の國造に關係を有たざるに因る。即ち出雲系の崇拜神にあらざるが故に、其の名稱を忌避したる譯であらう。或は曰く大玉流神に直接關係なき隣地の玖珂郡熊毛郡地方を周防國（國造）と稱せしは如何と、こは屋代島の大玉根神は天孫人種系の信仰神として、尤も由緒ある靈神なるが故に（古事記に大島の一名を大多麻流別と特記せるは、極めて深き事實が潜在する）。其の靈神名を以て中央に於ても、本來國造設置以前より地方の總名として呼ばれたと思はるゝ理由があるから（大玉流神祭祀族は必ず原始時代に於て安藝國造祖先と同時代頃、この地に本居したるやうである）。天津彦根族（即周防國造）も之れを國名とせしに外なるまい。固より周防の大島を周防島とか、大玉流神を周防神と申した傳說は更に見えないが、併しそれ等の傳說は、此の神創祠族の早く亡びたると、異種國造の治下に於て忘失せられたるに原因する。畢竟周防國名が大玉流神に存することは、大島を屋代（神社）島といひ、其の神は大玉流神即ちタマトで海神であり、ズアブの神であり、信濃の諏訪神と同神であつて、諏訪神鎭座の地方を諏訪國（續紀、養老五年六月割信濃國、始置諏方國）といひしと同例であるとの結論となり、隨つて周防國名の本源たることが肯定せらるゝ次第である。

第四節　風早國造と所祭神

伊豫國風早國造は國造本紀に、

風早國造、輕島豐明朝（應神）物部連祖伊香色男命四世阿佐利定賜國造

と載せ、この風早郡は明治二十九年溫泉郡に合併せられた。風早國造と小市國造とはその中間に怒間國造を隔てゝ居る。風早國造の祖といふ阿佐利は、バビロニアの日神ウツの一名アサリヅ Asaridu（慈悲の神の義）とも尊稱せる名稱はあるが、併し日前神宮の御佐利祭と同語、マラヨ・ポリネシア語のアサル（Asal）本源、原始の義、又アスリ（Asli）最初の、元の、本來のといふ義なるが故に、チアム語で祖先を現したる語であらう。此の國造は斷じて饒速日系統ではない。

それは延喜式に、風早郡二座、國津比古命神社、櫛玉比賣命神社とあるを、明治神社誌料に「縣社國津比古命神社祭神天照國照日子火明尊、宇摩志麻遲命、譽田別命、本社元と國津比古命神社と稱せしが、中古頭日神社と稱す。頭日、加久禰と訓す、亦頭日八幡宮と號す」

國津比古神社は日神

櫛玉比賣神社は稚日女尊たる火神

物部連を假冒

とも、又「郷社櫛玉比賣神社祭神天道日女命、御炊屋姫命、近世の俗、頭日神社又は八幡宮と稱す」と記す。

かく二社共に頭日神社即ち加久禰といふカクは火神名、ネはニの變助辭、轉じて天懸神、國懸神に同じく炫と同語、日神火神に對する語である。國津比古命神社は風早國津比古であつて、伊豫豆比古、宇和津彦、大吉備津日子と同例、倭人語の日子即ち日の男神で日神である。櫛玉比賣神社は若狹比賣神、丹生都比咩神、伊豫豆比賣神と同例、稚日女尊たる火神であつて、日神火神並祀である。櫛玉比賣といへば海神の如く想像せられざるにあらざるも、物部連同祖假冒によりて國津比古神社を櫛玉饒速日命と爲し、從つてこれを其の妻神に迷誤して櫛玉比賣といふ譯なるが故に、斷じて日神海神並祀ではない。この日神火神並祀は古代に屬する習慣なるが故に、此の國造本居は原始時代に關係を有しない。

饒速日系統の物部連族は、マシ〳〵の神一社を祀る例なるに、風早國造は二社並祀なるが故に全く其の習慣を異にする。然れば此の國造も小市國造、伊豆國造、紀伊國造の一族の場合に同じく、物部はツングース語の靈、チアム語の雜人で、古代に於ける神部の通稱なるを、中古迷誤して其の系統を冒すに至れる譯である。

二荒日光の名義

第十章　下毛野國造現々君と宇都宮神及上毛野國造

第一節　宇都宮神

宇都宮神とは、下野國宇都宮市の國幣中社二荒山神社のことである。本社は古來宇都宮大明神ともいひ、鎭座の小丘を臼峰といふ。宇都宮の名義は小市國造、穴門國造等の祭りたる宇津神に同じく日神ウツで、臼峰はウツの轉である。豐後國海部郡臼杵町に丹生島があり、舊臼杵莊、丹生莊ありて臼は日神、丹生は官幣大社丹生都比咩神社と同語、火神ナブの變で日神火神の並祀と知られ、從つて臼峰はウツの變化なるが察せられる。然るに舊說に毛野國造の祖三諸別王が此の地に於て治國の事を行ひし故に現宮の義といひ、或は寇を討つの義と爲すは共に附會である。

本來二荒日光の名稱は、宇都（日神）の語が本源で、それが轉々變化したるものである。蓋し宇都をウツツ（現）の義に誤解して、當社の祭祀者たる下毛野國造を現々君と稱へたるは、尾張國内津村の内々神社と同例である。更に現の字義により太現の義に解せられ、或は二現の義として、宇都宮と日光の兩所に現はるゝ義とし、或は俗に本社を慈眼太郎大明神とも、示現太郎とも稱へた。又本地垂跡に附會して補陀洛神と爲し、或は二現を二荒とし二柱の荒神に解し、或は太荒神の義とし或は二荒の音に依りて日光の字を宛つるに至つた。日光の二荒神社は、平安朝の初期、僧勝道の分祠する所といはれてゐる。

當社の祭神を古事記傳に、二荒神は豐城入彦命といひ、吉田東伍は御諸別王と爲すも、それは中世以降の思想說であつて、本來は日神ウツの大神である。俗說に事代主神、大己貴神などいふは迷妄に過ぎぬ。景行紀に、

> 詔二御諸別王一曰、汝父彦狹島王、不レ得レ向二任所一、而早薨、故汝專領二東國一。是以御諸別王承二天皇命一、且欲レ成二父業一、則行治レ之、早得二善政一。時蝦夷騷動、卽擧レ兵而擊焉。時蝦夷首帥、足振邊、大羽振邊、遠津闇男邊等、叩頭而來、頓首受レ罪、盡獻二其地一因以免二降者一、而誅二不服一。是以來久之無事焉。由レ是其子孫、於レ今在二東國一。

と見え、之れを國造本紀等に併考するに、上毛野國造、下毛野國造の系統は左の如くであ

る。

豊城入彦命――八綱田彦――彦狭島――三諸別（上毛野國造始祖）――奈良別（下毛野國造始祖）

これによりて、本社は此の國造の始祖たる奈良別が日神ウツを祭りて神政を行ひたることが察知せられる。御諸別の名義は、姓氏録に、彌母里別命とも載せ、ミはモン・クメール語系チアム語の御で敬語、モリは倭人語韓語の岡、山、森で御杜即ち神社の名稱である。大和の三諸山は御杜山である。

第二節　下毛野國造現々君

下毛野國造は、國造本紀に「下毛野國造、難波高津朝御世（仁徳）元分二毛野國一爲二上下一、豊城命四世奈良別、初定二賜國造一」とある。併し奈良別を仁徳帝比の人と爲すは錯誤である。それは三諸別は、景行成務比の人なるが故に、其の子奈良別は成務仲哀比ならざるべからず、仁徳とせば約百五十年の差がある。若し國造に定められたるは仁徳の朝と爲すも、奈良別が此の地を本居とせるは、必ず成務比でなければならぬ。毛野は韓語の大國の義といふことである。

其の子孫を現々君といふ。これに就いては既に大日本地名辭書に次の如く斷定した。

現々君は姓氏錄、攝津國の韓矢田部造の譜中に見ゆ。而も諸本之を現占君と誤まり、因りて事實の晦昧を招き、あたら宇都宮の貴種尊胤の由來を埋沒せんとせり。姓氏錄、攝津國皇別、韓矢田部造、豐城入彦命之後、三世孫、彌母里別命孫、現占君、息長足比賣（諡神功）筑紫糟氷宮御宇之時、海中有物、現占君遣見、復奏之曰、率韓蘇使主等參來、因茲賜矢田部造姓（現占を一本現古にも作る、共に非なり。延喜式、尾張春部郡内々神ありて、國内帳には現神と云ふ。現々の宇都都と訓むべきを知る。寛平の熱田緣記に「日本武尊、乍聞悲泣曰、現哉現哉」とある遺跡は、今内津村と云ひ、そこに彼内々神の社を置けり、事は異に、地も隔たれど、相比して其言義を發明する所あらん）。文中明に豐城入彦命の三世孫（姓氏錄には、常に今の四世といふべきを三世と數ふ）。彌母里別命とあるは、即御諸別王なれば、其孫裔は現占の氏號を負ふべからず、しかのみならず、姓氏錄に「茨田宿禰、彦八井耳命之後、男野現占宿禰、仁德天皇御代、造茨田堤」とあるに合考して、現占は君姓にもあらず、又豐城命の裔に非ず、本國河内國讃良郡と知らるれば也。かくて宇都宮と云ふは、現々君の氏神たる所以も、疑惑を容るるに餘地なしと雖、ウツの名義は果して珍し皇孫にや、又現し荒神にやは、未決の事に屬す。但今、御諸別を特に現々君の家祖に推したると、此王の威武の事跡に想ひ合すれば、王は即現し太荒人神とも稱へ奉るべく、祭神は斯の王に外ならじと斷言するも可なり。

吉田博士が現の字に拘泥して苦心せるは己を得ないのであるが、宇都（日神）宮の神裔は現々君で、本來宇都君といふべきを現の字義に誤解して現々君に變化したる趣が察知せられる。尾張の内津村の内内神も尾張國の章に述べたる如く、本來日神ウツの轉なるを熱田緣記に現の字に解して日本武尊に附會した。然れば正しくは宇都君といふべきである。

第三節　上毛野國造と赤城神

毛野國造は上下の二國造ありて、上毛野國造がその本宗である。崇神紀に、豊城命を以て東國を治めしむとも、景行紀に「彦狹島王を以て東山道十五國の都督に拜す、是れ豊城命の孫なり。然して春日穴咋邑に到り、病に臥して薨ず。時に東國百姓其王の至らざるを悲み竊に王の尸を盜みて、上野國に葬る」と載す。國造本紀に「上毛野國造、瑞籬朝（崇神）皇子豊城入彥命孫狹島命、初治㆓平東方十二國㆒爲㆑封」とあるは、崇神の朝でなく景行の朝である。

赤城神社の祭神は日神火神並祀

此の國造は夙に衰亡して所祭神も甚だ顯はる丶所がない。今上野國勢多郡宮城村大字三夜澤の縣社赤城神社は、祭神豊木入日子命といひ、續日本後紀に、仁明天皇承和六年無位赤城神に從五位下を授けられ、延喜の制小社に列せられ、國帳に正一位赤城大明神と見え、當國二宮で、加ふるに當國に郷社以下の赤城神社甚だ少からずして、共に上毛野國造の祖豊城入日子命を祀りたるによれば、日子卽ち日神にて、又赤城の赤は明石の明と同語、火神アグの轉で、城は古韓語系古國語の森の義で卽神社の義、又は阿波岐、阿波羅岐のキで助辭。然れば本來此の國造に因りて日神火神が並祭られたる由が察知せられる。

第十一章　天野祝丹生祝と天野神、丹生都比咩神

第一節　天野祝と丹生祝

天野祝は紀伊國伊都郡天野村天野神の祝で後に丹生祝といひ、今官幣大社丹生都比咩神社の

前神たる天野神の創祠者である。神功紀に、

皇后南詣紀伊國、會太子於日高……更遷小竹宮……適是時也。晝暗如夜、已經多日、時人曰常夜行之也。皇后問紀直祖豐耳曰、是恠何由矣……對曰社祝者、共合葬歟。因以令推問。巷里有一人曰、小竹祝與天野祝共爲善友、小竹祝逢病而死之。天野祝血泣曰、吾也生爲交友、何死之無同穴乎、則伏屍側而自死。仍合葬焉。蓋是之乎、乃開墓視之實也。

と見え、原始時代より天野村に本居して天神を祀りたるものと察知せられる。それはスメル語のアン

An　本字　象形字

は天又は天神の義で、また單に神の義に用ひられ、天神以外の神の決定詞とされた。併し後世は天神にも此の決定詞を附する場合があつた。又天神アンを變じてアヌともアンヌともいふ。

阿牟田の義

國主神の名義

ilu A nu 又は an—nu

と書く、是は元來當字で後世の所用である。アマ（天）はアン卽ちアムの轉アマでアンヌが、アマヌ（天野）である。丹生祝氏文に、

（紀直祖）豐耳命娶二國主神女兒阿牟田戸自一、生兒小牟久君、我兒等紀伊國伊都郡侍丹生眞人乃大丹生直丹生祝、丹生相見、神奴等三姓始。

とあるに據れば、天野祝の男系は神功の朝に斷絶して、其の女阿牟田刀自が紀國造豐耳に嫁して生む子、小牟久君、其の子が祝を繼ぎたる由が知られる。阿牟田のアムはアン（天神）の變で、タは吾田、山田に同じく助辭、卽ち天神の稱名である。國主神とは、吾田國主事勝國勝長狹神といふに同じく、先住者の稱である。天野祝は天神の生神たる神主で、地方の主領なるが故に國主神といふ。然るにこれを地祇の義に解するは後世の誤である。此の外古代天神を祀りたるは、伊勢國安濃郡安濃津（今の津市）はアヌの變で、此の地を阿漕、塔世といふは、火神ア

丹生都比咩は稚日女たる火神

丹生は火神名

グと妻神タシメーツの名稱であるから天神をも祀られたることが察知せられる。

第二節　天野神と丹生都比咩神

丹生都比咩神社は、紀伊國伊都郡天野村に在りて、最近官幣大社に昇格せられた。丹生の語原は後世バビロンの火神ナブ（Nabu）又ナボ（Nabo）ネボ（Nebo）の轉ニブである。ナブはバビロンの日神マルヅークの子である。神武紀に「師ㇾ軍而進至二熊野荒坂津一（亦名丹敷浦也）因誅二丹敷戸畔者一」と見えたるを、舊訓にニシキトベとあるは、ニフトベの誤、原語はナブツベルで、ナブをニブに變化し、ツの助辭をトに轉じ、ベルは主神首長の義である。天孫人種系が此の地に占據して火神を祭祀したることが肯定せられる。

垂仁紀の「五十瓊敷命居二於茅渟菟砥川上一」とある五十瓊敷命を舊訓にイニシキとあるも誤で、イニフと訓むべきである。國幣中社若狹彦神社を若狹遠敷神社といひ、祭神は火火出見尊が祭られ、火神たることが社名と一致する。此の丹生都比咩神社祭神は、地名辭書に、

天野社傳に、丹生大明神者、天照大神之御妹、稚日女尊也、高野山所藏、長承二年官符、高野山王大明神、天照大神御妹也。

丹生都比咩のヒメは日女で稚日女たる火神名

とありて稚日女命とある。稚日女の名は日神の子たる火神を意味する名稱なるが故に彼此符節を合するが如くである。ニフ（ナブ）の神を稚日女と申すは、ウツの神を大日孁貴とも天照大神とも申すが如く、倭人語チアム語等の混成國語を以て稱へたるものなるが故に怪しむに足らぬ。

丹生都比咩のヒメは日女即ち日の女神で、丹生の神たる稚日女である。恰も若狹遠敷神を若狹比賣といふも、丹生の神たる若日女で、其の名稱が是れ亦一致する譯である。書紀一書に「稚日女尊坐二于齋服殿一而織二神之御服一」。また釋日本紀私記には天照大神の御子と記し、舊事紀には御妹とある。併し其の實は火神である。

既說の如く稚日女命は火神アグの神で、神功紀三韓征伐に方りて現れ給ふ志摩の英虞苔志の粟島に坐す伊射波神は古來稚日女尊を祀ると傳へられ、而して英虞苔志は火神アグと妻神タシメーツであつて火神なることが著しい。かくて凱旋後に神教に依りて稚日女尊を武庫の長狹の生田に祭られた、今の官幣中社生田神社がそれである。生田はアグの變で、田は助辭、然ればアグの神を稚日女といひたることが知られる。アグの神はセミチック・バビロニアンのナブの神と同神で、後世までアグとも稱へられた。播磨風土記に、

丹生都比咩社は狩場明神にあらず犬神社は別に存在する

息長帯比賣命新羅を平服給はむとして、播磨國に下坐て、諸神に禱奉る時に、爾保都比賣命即國造石坂比賣命に教て詔く、能我前を治奉らば、我善き験を出して比々良木の八尋桙根、底不附國、越賣の眉引國、玉匣賀々益國、若々尻有寶國、白衾新羅木國を丹浪以て平賜はむ。如此教給ひて、赤土を出し給ひき、故其土を天之逆桙に塗り、神舟の艫舳に建て、又御舟裳及御軍の冑を染め、又海水を攪濁して渡坐時に、底潜る魚も高飛鳥も、前に遮らず、新羅を平服給ひき。其神功威烈尤盛なり。故還上坐て、此神を管川の藤代の峯に鎮め奉りき。

と記し、その爾保都比賣は丹生都比賣の轉で、爾保（丹生）を赤土に誤解して説話を作爲せるは最も拙劣である。又此の神を初め管川の藤代の峯に祀るといふ藤代峯は、富士と同語アイヌ語の火の義であらう。併し古大社の移轉説は殆後世の僞作たらざるなき狀態なるが故に、決して輕信することは出來ぬ。本社は必ず天野祝族が天神と共に祭りたるナブ（ニフ）の神である。それが生田と同神（兩社共稚日女尊といふ）なるによりて、此風土記の説話は發生したと想はれる。

空海が高野を開く時に、丹生都比咩神が犬に化現して空海を導びき給ひしといふ傳説があるが、併し此の神が犬に化現されたといひ、本社を狩場明神といふは全然錯誤で、其の犬神社は別に存在してゐる。元來本郡を伊都といふは、チアム語の人の義で神を意味し、又天野村を志賀といふは、後世バビロン語のスガの轉で市街の義とも解せらるゝが、之れは坪井博士の如くチアム語の獵の獲物を屠る處、獵場の義と見るのが此處では妥當であらう。其の故はチアム族は犬を祖先として信仰した。古事記、出雲系の神話に伊怒比賣が大年神に嫁して大國魂神、韓神等を生むとあり、神名帳に、出雲國出雲郡伊怒神社、尾張國山田郡伊怒神社とあるは、彼等原始信仰神たるに外ならぬ。然して此の地方には高野山に彼等の祖先たる犬神が祀られた。それは地名辭書に次の如く記されてある。

高野大神が狩場明神

　高野山大塔の西御社山に在る天野宮丹生大明神は、高野山の鎭守地主社と稱し、二殿相並び、北は丹生津姫、南は高野大神にて天野村丹生都神社の別宮也。一名狩場明神といふ。

とある。二殿の一高野大神が狩場明神卽ち犬明神たることが知られる。然れば丹生都姫神が、犬に化現せるに非ずして、本來チアム族の祭る犬神たる狩場明神たることが明白である。

高野山の名義

高野山はカンノヤマ（神野山）の轉讀であつて、犬神鎭座によるチアム系の國語である。

天野祝は本來その名稱の如く天神アヌを祭りたるも、天神の信仰薄弱となりては、並祭したる火神丹生神が現はれて丹生祝といふことになつた。神功紀に小竹祝天野祝の死を語るは、一面に於て天神及月神祭祀信仰の衰滅を意味する。丹生祝氏文に、天野祝の子阿牟田戸自を紀國造豊耳が娶りて、其の子小牟久君の子が丹生祝の祖となりたりとあるは、火神信仰の興隆を物語りたるもので、天神たる天野神は既に古代に於て變改せられたることが察知せられる。バビロニアに於て天神アヌは最古時代の神で、アヌに亞で月神シンが信仰せられ、月神が衰へて海神ヤーとなり、次に日神ウツの信仰が強盛となつた。我國に於ける天孫人種の信仰も全く之と一致する。

第十二章　小竹祝及更科神

第一節　小竹祝

小竹祝は天野祝と共に神功紀に見え、小竹はスメル語のシン

小竹は月神の名稱

an

Sin

で月神である。ンをヌに轉ずるは、アン（天神）をアヌといふに等しい。シンはスメルのウル市の主神であつて、古名ナンナル（光の義）、又エンズ、エンズナ（智慧の神の義）といひ、後セミット族はウル市のナナ女神をエウルマシュと改めた。

小竹祝の本居は紀伊國那賀郡長田村大字志野である。名所圖會に、

　小竹行宮舊跡は定めて北志野、南志野の中にありしならんも今其跡詳ならず。或は産土の神地は其跡にて、東屋御前は則神功皇后を祀るともいふ。神功皇后、三韓を征伐して歸り給ふ時、南方紀伊國に詣まし、日高にて太子（應神）にあひ給ひ小竹宮に遷りましぬ。此時にあたりて晝暗きこと夜の如し、紀直豊耳命是は阿豆那比の罪とて、**此地の神に仕ふる小竹祝と**、**是より東南の方三里天野社に仕ふる天野祝と死にければ**、合せ葬りし事侍りきと委曲に奏しけり。卽其墓を開かせ改めて各處に埋ませ給ひしより日影きら〳〵しく照りて夜晝の別ちありければ、皇后甚く悅び給ひて、こゝより大木峠を越給ひ和泉の方

に赴き給ひけりとなん。

とありて、天野社とは三里を隔てゐる。天野祝の死は天神信仰の沒落を意味する如く、小竹祝の死は月神信仰の廢絶を物語つたやうである。卽ち神功征韓によりて伊勢、廣田、生田、住吉、長田等の諸神信仰の興隆は爭ふべからざる事實であるから、之れは其の半面を語りたるに相違ない。當時チアム系に屬する月神も信仰衰へて他の神が祭らるゝに至つた。設令ば出雲の杵築宮には、本來チアム系前出雲派によりて月神が祀られたるを、夙に貴神に變更されたる如く、月神や天神の信仰は早く衰退を免れ得ないのであつた。

其の日高地名は本來ヒコと讀み、卽ち日の男神で、日神祭祀に因る名稱、それが太子（應神）として說話せらるるに至つた譯であらう。

第二節　更科神

更科神とは、延喜式に信濃國更級郡佐良志奈神社と載せ、今更科郡更科村鄉社佐良志奈神社である。信濃國は月神シンの緩和シナで小竹と同語、此の國は古來月の名所として有名である。原田氏に據れば、更級のサラはバビロニア新語の信者で、サラシナは月神の信者の義、更科郡の極北に聳ゆる飯綱山は、エンズナの變化で、エンズナは月のスメル語、智の神の意である。此の飯綱山の飯綱權現は、今祭神は不明であるが、昔より法術の神として足利時代には、劒術使ひが多く參詣して法術の力を得ることを祈つた。德川時代には劒術使が法術を飯綱の法と云つて邪法として排斥したるものである。此の神は法術神卽ち智慧の神であるといふことが、バビロニアの月神と一致する。又更科郡の極南に峙てる姥捨山は、ウバステの變でウバンシュチである。ウバンは峯、シュチは南で南方の峯と呼んで月の名所である。卽ち原始時代に於てバビロニア系が此の地に本居して月神を祭りたるが故に月の名所となりたる次第である。神名帳考證に、

佐良志奈神社、今在㆓更級郡更級村山中㆒、月讀尊、佐良散良之略語、萬葉集六云、月ノ別名、佐散良衣壯士也。越前國天佐々良彥神社、按古來更級里賞㆑月、蓋因㆓此神坐㆒。

とありて、月の別名、佐散良衣壯士のササラは更科の變化で、此の語の本源は固より原始時代各地に於ける月神祭祀に起因する譯であるが、當社は現存せる天孫人種系月神唯一の神社である。和泉國信達村もそれであらう。併し諸國の地名、科、品等の多くは、チアム語の風神の名稱で

皇大神宮攝社大土御祖神社は月神

ある。

皇大神宮攝社大土御祖神社の祭神佐佐良比古命、水佐佐良比賣命は、更科神と同語、月神シンなる趣が祭せられ、隨つて大土御祖といふによりて、原始時代に於て宇治土公又は其の他先着の天孫人種系に因りて、此の地に月神を祭祀したるものと推測せられる。又別宮月讀宮は本來シンの神をチアム系國語に因りてツキヨミといひたるか、或は本來皇室に關係なき神を後世祭られたるかは不明であるが、月讀荒魂宮の荒魂は勿論ツングース思想である。

第五段　皇室と神祇

第一章　皇室に本來海神、日神、火神、御食津神、軍神等を並祭せる

皇孫降臨當時に於て第一の王都たる吾田國長屋の笠狹なる內山田、第二の王都たる大隅國內山田に於て海神、日神、火神等を並祭せられたるは既說の如くである。これは一般天孫人種系諸氏が其の本居地に於て、殆擧つて海神と日神火神等を並祭し、神裁政治を行ひたる事實と相一致して疑ふべからざる最も明確なる事柄である。然れば神武天皇大隅の內山田より大和國へ轉都後に於ても、勿論日神海神等を並祭せられたるべく想像せらるゝに、其の事實が崇神紀に下の如く明記せられてある。

六年百姓流離ス、或有二背叛一、其勢難二以レ德治一レ之。是以晨興ニ夕惕ニオソレテ、請二罪ヲ神祇ニ一。先レ是天照大神倭大國魂ノ二神、並二祭於天皇大殿之內ニ一。然畏二其神勢一共住不レ安。故以二天照大神一託二豐

鍬入姫命一、祭二於倭笠縫邑一、仍立二磯城神籬一。亦以二日本大國魂神一、託二渟名城入姫命一使レ祭。然

渟名城入姫命髮落體痩而不レ能レ祭。

と載せ、卽ち宮中に於て天皇と同殿同床に、天照大神と倭大國魂の二神が並祭せられてあつた。倭大國魂神は垂仁紀の一書並に舊事紀に大倭大神と記し、大和國造の本居たる山邊郡大和郷に鎭座する今官幣大社大和神社である。古來俗に大和社とも大和大明神とも稱へて、此の神名は本來大和國號の起りたる本源で、卽ち海神ヤーの大神であらせられる（大和國造珍彥族の章參照）。然るに此の神を倭國魂神とも稱するに因りて、大倭神社註進狀等に前出雲系統の神に混淆するに至りたるは甚しき迷誤である。此の神の海神たるヤーの大神なる證は、

一　日神と共に宮中に並祭せられたること

倭大神を天照大神と共に宮中に並祭せられたるは、一般天孫人種系諸氏の海神と日神を並祀する風習に一致する次第で、決してチアム系、ツングース系崇拜神を宮中に祀らるゝ理由が存在しない。若し之れありとせば神話の點よりするも大物主神は、八十萬神を率ゐて歸順すとあるに因りて、大物主神を殿內に並祭せらるべき筈であらう。然るに實際此の事なきのみなら

大和大神は皇室縁故の四社の一

ず、後世に至るも倭大神は朝廷に於て特殊の取扱になつてゐる。それは日本書紀持統天皇六年の段に、

五月庚寅、遣㆓使者㆒奉㆓幣于四所㆒、伊勢、大倭、住吉、紀伊大神、告以㆓新宮㆒。

と記し、皇室の大事を奉告せらるゝ四社の一で、然も伊勢大神宮の次に掲げられてある。紀伊は日前（日神）國懸（火神）神宮で、初め伊勢大神、倭大神と共に宮中の同殿に祀られてあつた。住吉はシユーチ（南風）の神、旅行神として、本來第二の王都たる大隅内山田の鹿兒島神宮の邊に祀られ、神功皇后の時、神威を顯はされて特祭せられたる攝津住吉神社である。この四社は共に天孫人種系統の神として、皇室に深甚の關係を有せられてゐる。これに因るも出雲系統の神にあらざることが察知せらるゝのである。

二　神威を畏れ給ひて渟名城入姫命に託して祀らしめられたること

神威を畏れ給ふといふ裡面には、背叛を以て神意と爲し、神祭の大革新を決行せられたる譯であるが（伊勢國章參照）。天照大神を豐鋤入姫命に託し、倭大神を渟名城入姫命に託して祭らしめられたる理由は、必ず何か深き由縁が存在するであらう。この二王女の母系は、崇神

日神を祭る王女の母系は日神に縁故あり
海神を祭る王女の母系は海神に縁故あり

紀元年の段に、

又妃紀伊國荒河戸畔ノ女、遠津年魚眼眼妙媛、生二豐城入彦命、豐鍬入姫命一。次妃尾張ノ大海媛一云、大海宿禰ノ女八坂振天某邊生二八坂入彦命、渟名城入姫命一。

と載せ、天照大神を祀らしめられたる豐鍬入姫命は、後に日前國懸神の祭祀者たる日神名草神を祀る紀伊國造一族の女の出であり、倭大神を祀られたる渟名城入姫命は、尾張國造の一族大海氏の女の出である。渟名城の名義はヌヌキで、奴國、大津の渟中倉、沼名前神社、沼島、沼津等のヌと同語、セミチック・バビロニアンのヌヌ（Nunu）魚の義で海神を意味する語、城は阿漕、赤城神社のキと同語、古韓語の森で神社の義、入はセミチック・バビロニアンのイル（Ilu）神の義であらう。卽ち知る、天照大神は日神を主として祭る紀伊國造の祖宇治氏の系統の出によりて祀られ、倭大神は海神に關係ある大海氏の女の出で、然も海神を以て名とする王女によりて祭られた。之れ何を物語るものであらうか、必ず海神たるの證でなければならぬ。

三　此神は生命を司り給ふ神なること

海神ヤーは生命の神

建角身神は生命を掌る海神の名

倭大神の生命を司り給ふ神なることは、垂仁紀に次の如く見えてゐる。

一云、天照大神遷于伊勢國渡遇宮。是時大倭大神著穂積臣遠祖大水口宿禰而誨之曰、大初之時期日、天照大神悉治天原、皇御孫尊専治葦原中國之八十魂神、我親治大地官者、言已訖焉。然先皇御間城天皇雖祭祀神祇、微細未探其源根、以粗留於枝葉、故其天皇短命也。是以今汝御孫尊、悔先皇之不及而愼祭、則汝尊壽命延長、復天下太平矣。

此の一書の說話は、全體の構想の時代が新しいやうであるが、併し此の神が壽命を司るといふ思想は、原始時代よりの傳說に因るであらう。バビロニアの海神ヤーは、生命の神、起死回生の神、醫藥の神、文化の神、悪魔祓の神で、光明の方面は總て其の神性に屬した。我が國に於ても海神は生命の神として祀られたる事實がある。それは茅渟國茅渟族章に述べたる如く、茅渟はスメル語のチン čin（生命の義）の緩和で、ヤーの神を生命の神として祭祀したる名である、茅渟の武茅渟祇は賀茂建角身神と同名同神で海神の名なるが故に、賀茂御祖神社に祀られたる此の神は、海神を生命の神として崇拝したる神名なるに因りて知られる。故に倭大神は海神ヤーで壽命の神として崇拝せられたるに因りて、此の說話は發生したるものと信ぜられやう。

地神は海神兼備の神德

四　此神を倭大國魂とも大地神とも稱へたること

倭大神は倭大國魂神といひ、また此の神の託言（前引垂仁紀一書）に我は親しく大地の官を治むる神とも、大倭神社註進狀に大地主神ともあるによりて、地神として信仰せられたることが知られる。バビロニアに於てヤーの神は一名エンキEnki（地の主の義）といひ、地神たる神德を兼備し、後世分化して地神エンリルEnril（地の精靈の義）の父となられたのであるが、本來地神は海神の德であつた。故に海神は大地神であり、大國魂神である方面がある。吾田國の大山津見神は長屋津卽ちナグヤーツの轉訛して山（地）神となり、伊勢神宮の攝社山田姫神の父、大水神たる大山罪御祖命もヤーの變化して山（地）神の名となり、小市國造族の祖神といふ伊豫大山祇神社は一名和多志大神といひ、ヤーの轉訛して山（地）神の名となり、安藝國造族の祖神といふ大山積神もヤーの變じて山（地）神の名となつた。こは單に言語の類似に因るばかりでなく、本來の神性に其の可能性があるといふべきである。されば倭大神を倭大國魂神とも、大地神ともいふは海神ヤーの大神だることを證する譯である。

然るに大倭神社註進狀に、

謹考二舊記一曰、大倭神社蓋出雲大社之別宮也。傳聞倭大國魂神者、大己貴神之荒魂與二和魂一、戮力一心、經二營天下之地一、建二得大造之績一、在二大倭豐秋津國一守二國家一。因以號曰二倭大國魂神一、亦曰二大地主神一。以二八尺瓊一爲二神體一奉レ齋焉。

と記し、前出雲系統の神と爲し、現今もこの傳説によりて、大己貴神の荒魂と爲すは甚しき錯誤である。之れに就て廿二社本緣に次の如く記されてゐる。

大倭事、此社和大國魂神仁坐、此神乃御事、諸説不レ同歟。但加二留仁料簡乎一出雲乃神仁坐寸留歟。大汝乃神乎波大地主都毛大國主トモ顯國玉都毛云惠利。

とありて、出雲系統とする説の極めて不確實なることが首肯せられる。倭大國魂は決して出雲の大國魂ではない。倭の語原は大和國造の祖が此の地にヤーの神を祀りて神政を行ひたるに起原する。天孫人種系が本居して神政を行ふ場合は國號に殆神名を以て稱ふる一般の例である。本來大和直の祖が、大和邑に海神を祖神として祀りたるに、崇神又は垂仁帝の時、大和直の祖長尾市に至りて、更に皇室のヤーの大神にも奉仕する譯であるから、ヤーの大神は實に倭大國魂神であり、倭の地主神である。併し此の神を倭大國魂といふ魂はツングース思想なるが故に、此の神を先住者たる出雲派所祭神に誤解して倭大國魂神とも呼稱するに至れる次第で、其の深因は環境により海神信仰の衰微して祭神を忘失せられたるに因るであらう。

五　此神の誨に因りて大和直祖長尾市をして祀らしめられたること

崇神帝の朝に災害頻に至り神祇の咎を畏れ給ふ。恰も渟名城入姫命の老衰によりて倭大神の祭祀は斷絶せられた。時に靈夢に現はれて誨へ給へる由を崇神紀に記して曰く、

> 七年秋八月己酉、倭迹速神淺茅原目妙姫、穗積臣遠祖大水口宿禰、伊勢麻績君、三人共同レ夢而奏言、昨夜夢之、有二一貴人一誨曰、以二大田田根子命一爲下祭二大物主大神一之主上、亦以二市磯長尾市一爲下祭二倭大國魂神一之主上、必天下太平矣。……十一月己卯朔以二大田田根子一爲下祭二大物主大神一之主上、又以二長尾市一爲下祭二倭大國魂神一之主上。

と載せ、倭大神の請に因りて長尾市が神祭を司ることになつた。其の理由を察するに、大物主神の請はれたる大田田根子は神裔なるが爲であつた。大物主はツングース語の靈主の神で、田田はモン・クメール語の父の義である。大物主神が神裔の奉仕を請はれたるやうに、倭大神も亦神裔の祭祀を願はれたと想像せられる。大和國造は實に海神の裔であつた。それは縷說の

如く、大和はヤーの神の變化で海神の名であり、大和國造の祖珍彦は日神ウツであつて、海神を祖神として祀る氏族は、其の子日神名を以て呼稱する一般の例である。其の裔たる長尾市の長はナグ（Nagu）鎮護地の義、尾市は小市國造小千命のヲチと同語、ウツ、ウチの轉で、卽ち長尾市は長狹、名草と同語、日神鎮護地を以て稱へたる名である。宇佐國造宇佐（日神）族が八幡（海）神と宇佐（日神）を祀り、小市國造越智（日神）族が大山積和多志大神（海神）を祖神として宇津神と並祭し、安曇連名草（日神）族が主として志賀海神を祖神として祀り、伊勢の宇治（日神）土公が海神たる衢神を祖神として祀り、火明族津守連が大海神を祖神として祀り、吾田國主事勝國勝長狹（日神）族が長屋神を祀りたる如く、珍彦族たる長尾市族が、海神ヤーの大神を祖神として主祭するは當然である。倭神は本來大和直によりて祀られたるが、海神は其の祖神たるの縁故を以て皇室の倭大神（本來山田神）卽ちヤーの大神をも此の氏族が、天皇の御名代として祭祀する譯なるが故に、之れ亦此の神の海神たる證で、猶率川阿波神社を本社の子神といふも彼此海神たるが一致する。

大和國造は皇室の倭大神に奉仕するに因りて、自家本來の倭神は之れに吸收せられて遂に亡失せらるゝに至つた。恰も紀伊國造が表面皇室の日前神國懸神の司祭者たるに依りて、自家本來の名草神竈山神は裏面に隱れて殆忘却せられたると同例である。

大和神社は初穴師邑大市の長岡岬に祭り次に大倭邑に移祭せらる

六　神地は穴師邑大市長岡岬より大倭邑へ遷座

崇神紀に、天照大神の神地笠縫邑のみ記されて、倭大神の神地は載せられざるが、垂仁紀の一書に、

天照大神遷二于伊勢國渡遇宮一、是時大倭大神著二穗積臣遠祖大水口宿禰一而誨之曰、……愼祭則汝尊壽命延長、復天下大平矣。時天皇聞二是言一、則仰二中臣連祖探湯主一而卜レ之。誰人以令レ祭二大倭大神一、卽渟名城稚姬命食レト焉。因以命二渟名城稚姬命一、定二神地於穴磯邑一、祠二於大市長岡岬一。然是渟名城稚姬命既身體悉弱、以不レ能レ祭。是以命二大倭直祖長尾市宿禰一令レ祭矣。

と記し穴磯邑大市の長岡岬に祀られたとある。崇神紀によれば倭大神を渟名城入姬に託祭せられたるは、天照大神と同時に宮中より分離せられたる際なるを、此の一書には伊勢遷座の時と爲し、又神の誨によりて祭祀したるは長尾市なるを、渟名城入姬の事と成すは事實とは思はれないが、併し此の姬の老衰をいふに因れば、長尾市に託祭されたるは、紀本書の如く崇神七年にあらずして垂仁の朝なるべく、又最初崇神六年に渟名城入姬に託祭されたるは、日神等を祀る笠縫（伊勢國章參照）と隔らざる穴師邑の大市の長岡岬に祀り、垂仁の朝長尾市に託して本居

地大倭邑に遷座せるものと察知せられる。

舊説に「穴師の兵主神社は、倭大國魂神の別宮にて軍神として祭られたる名であらふ」との説は、大和神社を出雲系統の神に誤認し、且つ垂仁紀一書の穴師云々とあるを謬つて穴師の兵主神と同神となすもので固より採るに足らぬ。

然るに大倭神社註進狀に、

磯城瑞籬宮御宇天皇(崇神)六年、百姓流離……共住不レ安。秋九月己酉朔乙丑……亦倭大國魂神託二渟名城入姫一、祭二於同國市磯邑一(後改レ名日二大倭邑一)然渟名城入姫、髮落體瘦而不レ能レ祭。

とありて、最初此の神を宮中より分離して祭られたる處は市磯の大倭邑で現今の社地といふ傳説であるが、此の説は迷誤たるに過ぎまい。市磯の名は、伊勢國壹志、五十鈴と同語セミチック・バビロニアンのイツズ(Ituzu)畏るべき、尊むべきの義で、この名稱は大和國造によりて海神日神等を祭祀せし爲の名にあらずして、必ず皇室の倭大神を祭祀せし以來の名稱であらう。市磯邑を後に大倭邑に改むとあるが、大和國號は既説の如く、皇室の大倭大神に因るものでなく、大和國造所祭の倭神に起因する譯なるが故に此の説は錯誤である。然れば伊勢度會國宇治の五十鈴の如く、大和國大倭邑の市磯であらう。
猶天照大神と倭大神を初て宮中に並祭せられたる時代に就いて、大倭神社註進狀に、

　家牒曰、腋上池心宮御宇天皇（孝昭）元年秋七月申寅朔、遷㆓都於倭國葛城㆒。丁卯、天皇夢有㆓一貴人㆒對㆓立殿戶㆒、自稱㆓大己貴命㆒。曰我和魂自㆓神代㆒鎭㆓三諸山㆒、而助㆓神器之昌運㆒也。荒魂服㆓王身㆒在㆓大殿內㆒、而爲㆓寶基之衞護㆒。卽得㆓神敎㆒、而天照大神倭大國魂神、並祭㆓於天皇大殿之內㆒。

と記して、孝昭帝の朝に大己貴神の告に因るとなすも、固より此の說は倭大國魂を以て出雲系統とする迷妄で、本來海神日神等を並祭するは、原始時代より天孫人種系氏族の習慣であるから、斷じて此の說の如く神告などに因りて祭られたる譯ではない。

　要するに何れの點よりするも倭大神たる大和神社は、チアム系やツングース系の神でなく海神たるヤーの大神なることが斷定せらるゝ譯である。併し崇神紀に日神を天照大神、海神を日本大國魂とも、垂仁紀一書に倭大神とも載せたるは後世の追記であつて、當時は日神をウツ又ウチ、海神をヤーの神と申したるに相違ない。それは垂仁の朝に移祭せられたる伊勢皇大神宮

をウチ（内）大神と申され、又成務帝比、下毛野國造の祖が宇都宮に本居して、日神を宇都大神と稱へて祭祀し、神政を行ひたるに因りて察知せられる。

かくてウチの大神を何れの時代比よりかチアム語、倭人語、韓語系國語を以て天照大神、大日孁貴、など申され、又皇室の供御神たる奈具神を雄略帝の朝山田宮に合祀せられたる當時は原語のまゝ唱へられたるが、之れ亦何れの比よりかチアム系の穀物神たる豊受姫神と變稱せられたる次第であるから、此の倭大神も崇神帝比に於ては原語を以てヤーの大神と稱へられ、それが變化して倭大神とも、出雲派の思想混淆して倭大國魂神とも稱へられた譯である。猶皇室には右の三神の外に、日前神、國懸神及び草薙劒たる軍神アッダド等を並祭せられたるは既說の如くである。併しシューチの神たる住吉神は天孫に關係あるも、皇室に之を祭られた形跡は更に無い。

第二章　皇室と高天原神話との關係

第一節　大日孁貴と素戔嗚命の本質

一　御子神五男三女神と所祭氏族

大日孁貴は韓語、倭人語、前出雲派語等の混成國語で申し上げたる日神の御名であつて、この神と素盞嗚命に關する神話の系統並に其の本質、卽ち此の神は本來何人種の崇拜神に係る如何なる神性なるやを徹底するには、先づ其の神裔といふ氏族の人種的研究をすれば自明すると思ふ。

神話に大日孁貴と素盞嗚命とが天安河に於て誓約の時、先づ大神が素神の劍を咀嚼て吹き棄つる狹霧に田心姫、湍津姫、市杵島姫の宗像三女神化生し、次に素神が大神の玉を咀嚼て吹き棄つる狹霧に天忍穗耳尊、天穗日命、天津彦根命、活津彦根命、熊野櫲樟日命の五男神化生し、その物實によりて五男神は大神の御子に、三女神は素神の子と成すとある。然らば此の神達は何人種の信仰神であるか、

一　天忍穗耳尊

天忍穗耳尊は、延喜式、豐前國田川郡三座辛國息長大姫大目命神社、忍骨命神社、豐比咩命神社とある神社に祭られ、此の三社は續日本後紀に、

承和四年大宰府言、管豐前國田河郡香春岑神、辛國息長大姫大目命、忍骨命、豐比咩命、

香春神社

惣是三社。元來是石山、而土人惣無レ至。延暦年中、遣唐請益僧最澄、躬到此山……望預官社、以表二崇祠一許之。

と見え、本社は今福岡縣田川郡香春町縣社香春神社で、本來此の三社は香春三峯に祀られ、第一嶽に辛國大姫神、第二嶽に忍骨命、第三嶽に豊比咩命鎭座し、香春三社大明神と稱へられた。今の社は一の嶽の麓に三神三殿に祀られてある。此の忍骨命神社を以て英彦山神社と爲す說の如きは固より採るに足らぬ。

忍穂耳尊の名義

祭神に就ては既に舊說に、忍骨命は日本書紀一書に、忍穂耳尊を忍骨尊とも記して同神であり、豊比咩命は其の配妻神で卽ち高產靈神の御女栲幡千々姫に方り、辛國息長大姫大目命は忍骨命の母君大日孁貴に當ると說れてある。それに相違ない。忍穂耳尊の穂は日神の御子が火神といふ各人種の思想で、チアム語のホ（火）である。本社鎭座の由緒は釋紀に引く豊前風土記に、

昔者新羅國神、自度到來、住二此河原一、便卽名曰二鹿春神一。

と載せ、朝鮮ツングース系の神たることが著しい。垂仁紀の一書に「大加羅國王の子都怒我阿羅斯等は郡内祭る所の神、石の美麗なる童女に化したるを追ひ求めて日本に來りたるに、童女は難波に到りて比賣語曾社の神となり、且つ豐國前郡に至り復、比賣語曾社の神となり、並に二處に祭らる」と記されてある。此の比賣語曾社と香春神に就いて釋紀に次の如く述べてある。

按レ之、豐州比賣語曾社、不レ見二神名帳並風土記一也。而任那新羅同種也。辛國之民寄來歟。若田川郡之神社等、爲二比賣語曾神之垂跡一歟。

卽ち比賣語曾神はツングース系が渡來して祭りたる辛國大姫神で、比賣といひ大姫といふは、モン・クメール語及びその系統を受けたる韓語の日神の名稱である。それを姫に誤解して童女の說話を構成するに至つた譯で、大目は大女である。一說に辛國大姫命を以て韓國を征伏せられたる神功皇后と爲すは無稽である。故に辛國大姫命、忍穗耳命はツングース系の神なることが斷定せられ、從つて皇室に祭られざる譯である。

又一說に「辛國大姫神と忍骨命同處に鎭座しませば、皇孫も辛國より渡來しませりと疑はる」と論ずるは一應尤であるが、併し皇孫瓊々杵尊は新神話のやうに、斷じて忍穗耳命の御子にあらずして、スメル系統なるが故に、斷じて韓國渡來ではあらせられない。

二　天穗日命

天穗日命は日本書紀に「出雲臣土師連等祖」。また姓氏録に「左京天孫、出雲宿禰、天穗日命子天夷鳥命之後也」とも見え、崇神紀六十年の段に。

> 詔二群臣一曰武日照命（ヒナテリ）一云武夷鳥又云天夷鳥從レ天將來神寶藏二于出雲大神宮一是欲レ見焉。則遣二矢田部造遠祖武諸隅一而使レ獻……

と記し、從天將來神寶の朝鮮なることは既に異論のない所で、古來出雲臣は出雲族として建國人種とは異別されて居る。然るに姓氏録に天孫部に收めたるは下説の如く全く神話混淆からの冒稱である、天穗日命の穗は忍穗耳、御穗崎と同語、チアム語のホ（火）で日神の子火神である。神話に此の命は日神の命により先づ下りて、チアム系前出雲派の崇拜神大名貴神に交渉せられたるも平和的手斷で奏効せず、遂に鐵劍を帶びたる建御雷神によりて平定せられたと記され、ツングース系後出雲派の祖神である。

三　天津彥根命

御上神社
安國造

天津彦根命は、古事記に「凡川內國造、茨木國造、周防國造等祖」と記し、滋賀縣野州郡三上村官幣中社御上神社の祭神は、社傳に凡河內國造等祖天津彦根命の子、安國造等の祖天御影命にて、三上山を嚴の磐境と齋ひ祀るとある、當社は古事記開化段に、「日子坐王子又娶㆓近淡海之御上祝以伊都玖天之御影神女息長水依比賣㆒生子丹波比古多々須美知能宇斯王」と見え、其の由緒が知られる。

社傳に因ると崇神天皇の朝三種の神器の神劍を模造せしめ給ふに方り、天御影命八世の孫國振立命が、三上の地に於て之れを鍛へ奉られたとある。御上神系圖に下の如く見えてゐる。

> 御間城入彦五十瓊殖天皇六年秋己丑九月於㆓近淡海國御上嶽麓㆒自㆓神代㆒傳和留神鏡神劍乎令㆑鑄給。內裏仁止御坐吾奉㆑移者今之寶劍是也。此御影命天降坐地也。依㆑之立㆓天津神籬㆒後有㆓神號㆒。西之河水乎准㆓天野安河原㆒號㆓野洲川㆒。

安河の言義

とありて、鐵劍はツングース系に於ける特殊の技術であり、安國造といひ野洲川といふヤスはモン・クメール語の河原の義、天之御影神といひ、磐境（清）といひツングース系なることが著しい。此地を以て高天原と成す說の如きは固より迷妄である。

多度神社桑名首

天目一箇命

忌部の混淆

周防國造

石城神社と神籠石

又伊勢桑名郡多度村國幣大社多度神社は天津日子根命を祭り、姓氏録に「右京天孫桑名首、天津彦根命男天久之比乃命之後也」と見え、此の氏人に祀られたることが知られる。攝社一目連祠があつて、多度大神の子天麻比止都禰命を祀るとある。天目一箇命は鍛冶神であるから御上神社の由緒と符合する譯である。古語拾遺に「天目一箇命、筑前伊勢兩國忌部祖也」とあるを併考する時は、忌部にはツングース系の物忌部の義の忌部があることが察知せられる。それがバビロニアのエンベル（祓詞を申す神職）と類語なるを以て混淆せられ、此の目一箇系の忌部も忌部首（エンベル）の配下に加りたる譯である。

猶周防國造は、古事記に天津彦根命の裔と載す。其の本居は周防國熊毛郡周防村で、傍地たる石城山は磐境卽ち神籠石を以て有名であり、其處の延喜式內の縣社石城神社は、今祭神を大山祇神となすも、栗田博士の神祇志料や喜田博士の說に國造の祖天津彦根命を祭る神奈備と斷じてゐる。神籠石はツングース系の風俗なるが故に、周防國造の神奈備なることは動すべからざる事實である。然れば之れ亦天津彦根命の後出雲派系統の神なることを證する譯である。

四　活津彦根命、熊野久須毘命

この二神の祭祀者は不明である。或は五を極數とする野蠻思想から三神を殊更に五神とせる疑がある。古事記傳に「熊野は地名なり、出雲國意宇郡の熊野なるべし」とある。

上の如く五男神はツングース系後出雲派の神であつて、皇室に關係を有せざるが故に、神話の狀態が深く推測せらるゝ譯である。

五　宗像三女神

宗像三女神は日本書紀一書に「即以日神所生三女神者、使降居于葦原中國之宇佐島矣。今在海北道中」と記し、宇佐島は朝鮮の于山國一名鬱陵島といひ、我邦にて竹島といふに當る。三女神が天降に關し、先づ鬱陵島に下られ、後筑紫に徙りて宗像に祀られたといふことである。然れば朝鮮系統たることが知られる。古事記に「此三柱神（三女神）者、胸形君等之以伊都久三前大神者也」とあるを、姓氏錄に「宗形君、大國主命六世孫、吾田片隅命之後也」と載せ、チアム系の所祭神である。宗像の名義は御長田で長（龍蛇）神崇拜族であり、三女神の湍津姫は瀧で水神たる龍神の名であり、市杵島姫は安藝國の伊都岐島に祀る日神名の錯誤である。

二　素盞嗚命と所祭氏族

出雲の先住民モン・クメール族が崇拜神たる肥河上の八頭大蛇、對前出雲派チアム族の崇拜神たる素盞嗚神の神話は兩族の爭鬪を意味する。チアム族定住して素神を飯石郡須佐村清の地に、月神を杵築に祀り、後ち月神の信仰衰へて貴神を祀つた。素盞の名義はマラヨ・ボリネシア語のSusah骨折、困難の義で戰鬪の神とも解せられ（史學雜誌太古の中國參看）、或は波斯の古都スウサの名で波斯の蠻族は屢々バビロニアに侵入して財寶を掠奪し、都市の主神たる神宮を犯し、之れを呼んでスサヌートと稱へた事實とも解せられる。併し此の神が日神を犯す神話は、風雨神たるが故で、決してスサヌートたる史的事實とは思はれない。此の神は困難して出雲に降られ、十束剣を持ち戰鬪によりて大蛇を屠られた。剣は各人種に共通する風雨神即ち軍神たる表像で、此の神はチアム系前出雲派の崇拜神である。神話の類似暗合は常であるから斷じて波斯やバビロニアに關係すべくもない。

日御碕神社

尋で朝鮮ツングース族が侵入してチアム族は降り、其の主神たる貴神はツングース系の出雲臣に祀られ、チアム系の酋長は御崎即ち後の日御崎に隱退して此地に素盞嗚命を祀つた。今の小野氏は其の裔で、素神の五世孫天葺根命の後といひ、此葺根命の時天照大日孁貴をも並せ祀り、これを日御碕神社といひ、上下二社ありて、上社には素神に三女神を、下社には天照大神（本來大日孁貴）に五男神を配祀さるとあるが、併し二社並祀は素神と日神と兄弟神といふ新神話以後であらう。

高天原朝鮮說

上述によりて五男三女神の神話は全く天孫人種に關與するところなく、その天忍穗耳尊は皇室に祀られたる何等の形跡も存在せざるが故に、舊說の高天原朝鮮說などは一顧の價値も有

出雲臣等を天孫部に收めたる原因

しない。併し後出雲派の本國として、日孁神の神話發生の原處としての高天原は朝鮮なるが故に混淆を免れざる譯である。尤も後出雲派の大日孁貴は本來クメール系朝鮮派の信仰神たるは勿論である。

三　天孫族、天神族、地祇族

中古に於ける日本民族の門伐系統を、姓氏錄に皇別、神別、蕃別に分類し、神別を天神、天孫、地祇に三分した。皇別は神武天皇以後の分裔であつて、蕃別は歴史以後に於ける朝鮮支那移民の首長である。又神別には天孫人種系及び先住土人たるチアム系前出雲派、ツングース系後出雲派、モン・クメール系倭人派等がある。然して天孫部には瓊々杵尊の御子火闌降命や火明命の裔は勿論、前掲の五男神の神裔氏族たる出雲臣、桒名首の類をも收められてゐる。此の混亂は伊勢大神宮のウツの大神を混成國語によりて大日孁貴とも申し上げられたるに因りて、日孁神の神裔といふ後出雲派の首長たる出雲臣などの自然天孫族に加りたるは、如何にも已むを得ざる譯である。併し事實は甚しい迷誤である。其の他倭人派等の首長にして皇別を假冒せるものがある。之れ等は其の所祭神と比較研究すれば自ら明白である。

天神部には天孫人種系氏族たる中臣忌部物部連の類や、後出雲派たるツングース系たる玉祖宿禰、玉作連、倭文連、神麻連の類及び人種不明の氏族等を掲げ、地祇部には天孫人種系氏族の先着者たる阿曇連、大和直及びチアム系たる貴神の系統は總て此の部に載せられてあるから、チアム派は先住民たる意義を發揮したる譯である。チアム派は宗教的人種であるが、モン・クメール族たる倭人派は最大多數の下級社會を爲すも、平凡で殆見るべきものがない。啻その酋長とも稱すべきものが熊本方面に居た。併し日神を日積、日高見、比留女と申して崇拜した。

猶天孫降臨神話の五伴緒たる中臣、忌部、猿女君は天孫人種系統で、玉祖連はツングース派であり、鏡造祖石凝姥命は皇大神宮神鏡のスメル國に淵源するに因りて、天孫人種たるべきは勿論である。鏡作連には火明命の子天香山命の裔あり、天孫本紀に物部鍛冶連公鏡作等祖とも記す。併し我國に於ける氏族には朝鮮系統のあるも事實である。

第二節　天孫降臨と建御雷神

後出雲派の神話に天照大神（本來大日孁貴）高木神の詔によりて、先づ天津國玉神の子天若彦を出雲へ遣されたとある國玉といふはツングース系の思想である。次に天穗日命を遣はされ、遂に建御雷神降りて伊那佐の小濱の波の上に劍を逆に立て云々の神話は、ツングース系の特技たる鐵劍を帶びて侵入したるを物語りたるものである。

建御雷神は風雨雷神で、古事記に因るも火神の子とある。戰鬪神として宇宙間に暴風雨雷神の如き勇猛なる現象はあるまい。劍は世界何れの民族に於ても暴風雨神の勇猛を表像された。神武天皇東征に方り建御雷神の經津の神劍によりて、皇軍は猛然として立たれたとあるは、紀伊國熊野に於ける後出雲派の救援を物語りたる說話である。此の神劍をば朝廷に於て物部連の祖をして宮中に祀らしめ、後、崇神の朝石上に移祭せられた。

此の神を祭る鹿島は、祭神に因れば炫島、地形に因れば倭人語の水島の義。香取は坪井博士によれば、マライ半島サカイ部族語のカド（漁人）であらう。香取鹿島の言語及び其の祭神名は決してバビロニア語では解釋し得られない。

然れば建御雷神はツングース系の神話神なるが故に、舊說に、高天原は朝鮮に在りといふ論は、出雲系古典に根據したる幾多の例證を有つ說であるが、併し天孫瓊々杵尊は縷說の如く、全く吾田國の方面に關係あるスメル系統で、決してツングース系ではあらせられぬ。故に天孫降臨に於ける豐葦原中國の平定神話は後出雲派の神話で、斷じて天孫人種の神話にあらざることが肯定せらるゝ譯である。

第三章　結論

天皇をスメラと申す尊號は、スメル君主の敬語で神の義であり、スメル國名と皇國と一致して神國の義であり、ミコト（尊）、ミカド（天皇、帝）はミグトで天降り給ふ天孫の義、歴代天皇を明津神とも、スメラギとも申すは、日神の御子たる火神アグツ神の尊稱語であり、皇孫を瓊々杵尊と申すは、日神ニンギルス神宮の稱號を負ひ賜ふ古代の習慣であつて、我が皇室のスメル人の大宗家、大君主たるは明である。

二千四五百年前後に於て渡來の天孫人種系氏族甚だ尠からざれども、これ等は皇室の分派又は臣族たらざるなきは、原始史上極めて明白なる事柄である。彼れ物部連が不遜にも先降の故を以て天孫の長兄たる系統を冒稱せしと雖、彼は僅に禁厭を司る神職たるに過ぎぬ。中臣、忌部、猿女、久米の如き皇室に仕ふる氏族は神主又は武士である。其の他諸國の豪族等も皆神裁政治を行ふ神主にして且つ地方俗權の長たらざるはない。かくて其の多くは殆海神、日神、火神等の諸神を並祀せざるなき狀態である。併し先着者たる倭人派、隼人並に前出雲派、後出雲派等と天孫人種系の氏族祭神神話等の相混淆して、日本書紀、古事記等の新神話構成せらるゝに至りては、殆其の眞相端倪すべからざるものありと雖、原始史よりこれを觀れば到底扮飾を許さぬ。上述天孫人種系氏族と所祭神の主なるものを摘出すれば左表の如くである。

所祭神＼祭祀者	皇室	天孫火闌降系 吾田小橋君吾平族	同上 大隅國造
海神	大官 大和神社 山田神（薩摩加世田、内山田火火出見神社）山田神（大隅國内山田正八幡鹿兒島神社）	和多都美明神（枚聞神社一名）猿田彦神	正八幡鹿兒島神社
日神	大官 皇大神宮 内神（薩摩）内神（大隅）内宮（伊勢）天懸神 大官 日前神宮		大比留女
火神	大官 國懸神宮 火火出見神社（加世田）正八幡鹿兒島神社（大隅）	小國 枚聞神社	大宮 鹿兒島神宮
諸神	豊受大神宮 奈具神鏡（御食津神） 大官 熱田神宮 草薙劍 軍神アツダド（風雨神）	鹽土神	隼風宮 鹿兒島神宮末社、シューチ（南風）神にて鹽土神即住吉神（旅行神）

同上 薩摩國造			中國 新田神社	
天孫火明系 尾張國造	中國 彌彦神社	內天神	天香語山命	
同上 津守連	大海神社	姫神社	鉾社	大官 住吉神社
同上 丹後海直	海神		中國 籠神社	住吉神 奈具神
同上 但馬國造	海神社	名草神		
吾田國主 長狹族	長屋神	長狹神		
伊勢國 宇治土公族	山田神（大山積神に轉訛）山田姫神の父神大水神たる大山罪御祖神衢神たる猿田彦神	宇治神	伊雜神社 アグ神及妻神タシメーツ神	
伊豫小市國造 越智族	大國 大山祇神社	大長、宇津神社	御鉾神	

		紀伊國造 宇治族	宇佐國造 宇佐族	安曇連 名草族	大和國造 珍彦族	同上 若狭族	同上 明石國造	茅渟族 賀茂縣主
一名知多志大神（ヤーの轉訛）	社摂 阿奈婆神社	中官 竈山神社	八幡神	志賀海神社	（大和神社）	中國 若狭彦神社	中國 海神社	大官 賀茂御祖神社（茅渟山城神）
		名草神	大官 宇佐神宮	宇都志日金拆命	社摂 姫大神			
郷社摂社 姫子隝神社	社末 若宮社	和歌浦 玉津島神社	社末 若宮	穂高見命 一名 穂己都久命		若狭比賣神社	明石神（人丸神社）	

安藝國造	大山積神（ヤーの轉訛）	中官 嚴島神社	中國 速谷神社（飽速玉命）	
伊豆國造	大官 三島神社（大山積神） 阿波神社（本后）		天蕤杵命 伊古奈比賣神社	
穴門國造	山田神	宇津神	秋根、若宮神社	中官 住吉神社
信濃國 諏訪族	下諏訪神社（春宮）	下諏訪神社（秋宮）	同春宮末社 若宮社	
庵原國造	奈吾屋神	有度神		
名古屋族	上名古屋 綿神社			
播磨國 加古族			加古神	
備後國 沼名前族	小國 沼名前神社			
周防國 大多麻流族	大玉根神社			
對馬海族	中國 海神社		火火出見命	

淡路國	阿波國	物部連							信濃國
淡族（あわぞく）	日鷲族（ひわしぞく）	宇摩志麻治族（うましまちぞく）	中臣連（なかとみのむらじ）	忌部首（いんべしゅ）	猿女君（さるめのきみ）	天野祝並（あまののほふりなみ）	丹生祝（にうはふり）	小竹祝（しぬのふり）	更科族（さらしなぞく）
大官 伊弉諾神社（いざなぎじんじゃ）				大官 安房神社（あわのじんじゃ）（太玉命）					
			比賣神（ひめかみ）		賣太神社（ひめたじんじゃ）				
			中官 枚岡神社（ひらおかじんじゃ）（天兒屋根命）	天比理刀咩神社（あめのひりとめのじんじゃ）		大官 丹生都比咩神社（にうつひめじんじゃ）			
	中國 忌部神社（いんべじんじゃ）（アシュアの神）	小國 物部神社（もののべじんじゃ）（マシ〱の神）				天野神（あまののかみ）（天神）		小竹神（しぬかみ）（月神）	佐良志奈神社（さらしなじんじゃ）（月神）

かく皇室並諸氏と所祭神は、スメル・バビロニア系統なることが確である。これ等天孫人種系統の諸神は天社であつて、其外前後出雲派等の如き諸神は國社である。國社の神は卑俗なるもの尠からざれども天社の神は崇高である。本來神祇は宇宙の靈威を祖神として祭祀したるもので、即ち我が國古代に於て海神を祖神といひ、日神火神を祖先といひ、又沿革して祖先英雄を祀る。蓋し我等民族の大生命は宇宙の大生命より發現して無限に發展すべき性質を有する。然れば神社祭祀の精神は民族の大生命を崇拜するものなるが故に、神社は民族の史的存在である。かく民族の大生命たる神社は、家族主義國家の根柢なるが故に、若し神社祭祀の精神を誤り、或は古代創祠氏族と其の神社の縁故を絶つが如きは、家族主義國家の崩壊の端でなければ幸である。

我が建國神話は概スメル人の理想信仰で、其の半面は史的事實の存在である。皇孫の天降神話は其の淵源遠くスメルの國に在る。皇孫即信仰上の神にして又史的實在であらせられ、皇祖即信仰上の神にして又史的實在であらせらる。天壤無窮の神勅は皇位の原始に於ける皇祖の神勅にして天啓であり、又史的大詔である。皇祖も神、天皇も神、國民も神孫で、三位一體の地上神國化、世界大家族主義は、スメル君主の理想信仰で、我が建國の精神である。我が國は一家の增大で、皇室は其の大家長で君民父子の情ありといふ思想は、即ちスメル人の史的事實で、日本民族傳統の精神である。とにかく我が建國史の徹底に因りて國體に對する懷疑は一掃せられ、我が皇室は日本民族のあらん限り天壌無窮の神勅と共に、不動なること大地の如く大磐石たるべきである。

天孫人種六千年史の研究

終

跋

三島君が、日本民族の人種的系統を神社の方面より討ねんとする研究に關し、始めて予の事務所を訪はれたるは過る大正十二年の春なりき。この研究は新らしき研究法の一方面として予の豫て提唱したる所に係り、既に大正七年十一月バビロン學會の第三談話會に於てシュメール系に屬するバビロニアの日の神ウト、海の神ヤー等が廣く我國に崇拜されたる事蹟を指摘し、會員の注意を促がしてより以來、機會ある毎に予は其の意見を公表せり。然れども予が專攻の學科は異れる部門に在りて、是等の問題に深入りすべき餘力なく、加ふるに予は我國の古典に暗くして神社の調査に多大の困難あり、孰れにしても奴鴈となりて學界を警告するは格別、研究の遂行に就ては予自身に於て其任に堪えず。あはれ何人にも有れ、適當なる學者の出で、之れを大成するものあれかしと切望し居たる折柄、宿願空しからずして圖らずも篤學なる三島君に逢ひ、一夕縱談放語の樂、得て忘るべからざるものありしなり。爾來信書によりて屢々君の質問に應へ、敢て不學を顧みずして未熟の見を披瀝し來れる内、最近一裘葛杳として君が消息の絶えたるを異しみたりしに、頃日突然その來訪を受け、尨大なる數百頁の原稿を示さるるに及び、さしも前人未到の荒野、君が數年の努力によりて一大美田と化したるを知り、拍手以て君のために祝すると同時に、我學會近來の快事としてまた國民の爲に祝せり。

バビロン學の門に入りて資料の攻究に從事すれば、何人と雖もバビロニアと我國との間に明白なる合致の存ずるを氣附かずして在り得ることは難し。所謂合致は一般性を有し、何れの方面にも其現象を認め得べしと雖も、就中言語學の領域に於て最も著しく、自然の印象として、バビロニア語こそ日本民族固有の言語なるにあらざるかを疑はしむ。予は啻に我國普通の口語が名詞にもあれ、動詞にもあれ、將た代名詞にもあれ、接續詞にもあれ、南北バビロニア語の孰れかに於て明確なる對語を看出し得るもの多く、時としては音調口調の末に至るまで彼此互に合致せる場合ありとの事實のみを謂ふにあらず。また予は啻に我國の神名、人名、姓氏名、部名、官名、職名、地名、地理的名稱、天象 季節の名等が往々バビロニアの名稱と直接の傳統を示し、その然らざるものは、名稱そのもの丶意義がバビロニア語に照らして始めて亮知され得るもの多しとの事實のみを謂ふにあらず。予は自ら驚き人をして愕かしむべき現象の一を取て爰に之れを指摘せんと欲す。开は我國語の內その構成が、概念附けられたる一定の子音を語根とし、ヴォカリゼーションによりて意義を確定すべき方法を採り、大體に於てセミツト系バビロニア語の屈折法と同一の規則に從ふものあり、而も語根たる一定の子音は、我國語とバビロニア語とに於て精確に一致せる場合あり、且その成語が格（モード）を變化するに當り、我國語に於て取るところの前加音と、バビロニア語に於て取るところの前加音と全然同一なる場合ありとのこと卽ち是れなり。

若し言語學上の論據によりて民族關係を斷定し得るものとすれば、アイザック、テーラーの研究法に則り、まづ我國に存するバビロニア語の解剖的調査に從事し、シュメール系語とセミツト系語とが我國語中に占むる所の各自の位置と、其地方的分布の狀態とを定め、之れをバビロニア本土の史象に照らし、また我國の傳說に考へ、以てシュメール系バビロニア人とセミツト系バビロニア人とが我國に渡來したる年代、各自の移住したる中心地點、其勢力の消長等を推定し得べきに似たり。予は未だ曾て斯る調査を試みたることなきが故に、何等一定の意見を吐露すること能はずと雖も、多年の間に氣附きたる例證を綜合して略ぼ左の言をなすに憚らず。

一　地理的名稱に於て普通名詞をなし、古來廣く全國に使用せらるゝバビロニア語に就ていへば、シュメール系語多くしてセミツト系語少く、またその固有名詞をなすものに就ていへば、シュメール系語が累積語（ヒーブリダ、コンポジチオ）の一部を組成せる場合多きに反し、セミツト系語が累積作用を受けたる例證は極めて稀なり。

二　日用の口語として古來全國に使用せらるゝバビロニア語に就ていへば、シュメール系語は野鄙語として使用せられ、セミツト系語は都雅なる語として使用せらるゝ場合多し。

三　建國以後に至りて定められたるべく見ゆる官名、姓氏名等に就ていへば、多數のセミツト系語を發見し得べきも、予は未だシュメール系語の痕蹟を認めたることなし。

以上寡少にして且不完全なる論材の上に立言すれば、シュメール系語の渡來はセミツト系語よりも舊くして國語の最下層をなし、その社會的位置もまた卑きは明白なる所なり。若し言語の渡來が必ず民族と共にするものならば、シュメール系バビロニア人は先住民族を驅逐して最初に移住し、漸次繁殖して諸方に勢力を張り、其後に至りてセミツト系バビロニア人の渡來を迎へ、相互の間に長き競爭ありたる末、後者が新進の勢力前者を凌駕して政治的優等階級となり、以て皇祖建國の偉業を輔翼し奉れりと謂ふことを得べし。年代に就ては、バビロニアの史象より推論して、シュメール系バビロニア人が團體としての移住は四千年前より遲きことを得ず、セミツト系バビロニア人が團體としての移住は三千五百年前より早く、二千五百年前より遲きことの有り得べき理なし。是等兩民族移住の中心地點が何くに在りやを想像せんとするは稍々痴人の夢を說くに似たり。然れどもシュメール系語を以て成れる地名が伊勢附近に多く、セミツト系の日用語が所謂上方言葉の中に最も多く發見せらるゝが如きは、我國の傳說に對照して一種の意義あるものゝ如し。

然れども考古學上の標語として、言語の類似は民族關係を立證せず。是れ一般理論の要求する所、多數實例の支持する所、牢乎として動かすべからざる一大原則なり。但だ我國語の場合に在りては、例外論を主張すべき幾多の根據なきにあらずと雖も、姑く消極論理を擱き、新たに言語以外の方面に進出して、均しくまた明確なる合致の存するものありや否やを探究せば、問題の解決に對して大なる光明を得ん。予が言語以外の方面に於て氣附きたる合致を摘記すれば左の如し。

一　神話傳說の合致

この點に就ては雜誌バビロン第二號にその梗概を掲げ、國學院雜誌上には更に之れを詳述したり。爰に其要領をいへば、バビロニアの著名なる神話傳說、就中ギルガメシ史詩、マルドク大神の創世神話、イシタル女神が地獄降りの神話等は原形のまゝ、若しくは分解、改造の作用を受けて悉く我古典中に發見せらる。バビロニアに存したる新舊二様の三神一致（トリアド）は、全然同一の組織を以て共に我古典に存す。

二　宗教の合致

アニミズム的多神教より出發して自然教的三神一致の信仰に到着し、更に一歩を進めて一神教的傾向を帶ぶるに至りし點に於て、我古神道は明かにバビロン教の傳統を示す。神の概念がイスラエルの抽象觀と希臘の寫實觀との中間に位し、倫理的に洗練されたる人生觀を以て信仰の目的となす點に於て、バビロニア民族と日本民族とは正しく其宗教思想を一にし、祭る所のおもなる神々に至りては彼此正確に合致す。

三　相貌の合致

この點に就ては雜誌バビロン第三號に其詳細を盡くせり。爰にその要領をいへば、シュメール系バビロニア人特有の相貌とセミツト系バビロニア人特有の相貌とが、兩々相幷んで我國古來の繪畫彫刻に描き出さるゝのみならず、現時に於ても全國到る處に活ける標本を發見す。而も型式の純粹にしてバビロニアの古き彫像の躍り出でたらんが如き例證は予の常に遭遇する所なり。是等相貌の地方的分布に就て詳細の調査を施さば、シュメール系バビロニア人とセミツト系バビロニア人とが移住の中心を推定し得るに庶幾し。

以上の外猶ほ風俗の合致として指摘し得べく思はるゝものあり。固より予は我國上古の風俗に就て何等正確の資料を有するものにあらず。然れども古事記の文に現はるゝ伊邪那伎命の服裝が上古の君主に擬したるものと假定せば第三王朝（紀元前千八百年乃至千二百年）以後に於けるバビロン君主の服裝に合致するが如し。また同じ文に現はるゝ天照大神の武裝は軍の女神イシタルの武裝と正確に合致す。若し是れを以て我國上古の武將を描くものと假定せば、アッシリア時代に於けるバビロン軍將の武裝を聯想せしむ。須佐之男命が父神の命を奉せずして國土を追はるゝに至りし神話を以て、不孝の罪に對する上古の慣習法に反射するものと假定せば、正確にシュメール家族法の規定と合致す。是等疑はしきものを列擧せんとすれば幾んど際限なく、婚姻の制度、建築の方式等より紋章記號の末に及ぼすことを得べし。

合致の現象が唯り一方面に於てのみ存し、または一時代に於てのみ觀らるゝ場合に在りては、その原因を暗合、摸倣、輸入等に歸すべき餘地あり。然れども多數の方面に亘りて一様に之れを認め得べく、而も數千年を通じて存續する場合に在りては、中心に於て實存する本體の光輝が周邊に向つて放射作用を生ずるものに外ならずして、偶然突發の縁由に之れを歸すること能はず。果して然らば放射の根元、現象の本體たるバビロニア民族その者が嘗て移住して我國に實在し、子孫繁殖して現に國土の經營に任ずるを斷定すべきは必然の論理なるに、世人は距離の遼遠なるにのみ重きを措きて、移住の壯擧の有り得べからざるを信ずるものゝ如し。蓋し太古を知らざるの致す所なり。物資の極めて乏しき沖積層のバビロニアに國し、孜々として四方に其物質を求めたるバビロニア人は、極めて古き時代に於て、遠く印度にチーク材を取り、支那にコバルトを獲たること、古跡の發掘が明かに立證したる所なり。彼等が極東に往來したる大道を尋ぬるに海陸兩路あり、海路は波斯灣を經て印度洋を航行するものにして、其陸岸に接し大なる海流あり、季節によりて方向を轉じ、春季は東流して出航を助け、秋季は西流して歸航に便す、而てシュメール系のバビロニア人は元來海邊の民なり。小舟を操りて海上に風の神と爭ひ、大船を家として天災を波浪の上に避けたる等の神話に富み、頗る海上生活に慣れたるべく思はるゝ彼等に在りては、この海流を利用して春季船を極東に出し、印度、馬來に物資を求めて涼秋歸航するの業に從事したるもの尠からざりしを想像するに足る。陸路に就ては、現時に於ける中央亞細亞の地理的狀態を超越して太古を達觀することを要す。この高原は無數年來徐々に氣候の變動を受け、熱と乾燥とによりて漸次に住所性を侵害せられ、終に交通至難なる現時の狀態に立到りたるものにして、今より二千四百年前歷山王の時代に在りては、猶ほ大軍を率ゐて印度に往來するを妨げざりしなり。太古に在りては未だバビロニアの文化が其萌芽を發せざりしとき、この地は既に世界文明の一大中心にして、爾來歷史時代に至るまで、繁榮なる都市を諸方に存したること近時探檢の證明する所なり。故にバルチスタンの海岸道路も、アフガニスタンの中央道路も、將た裏海南東岸よりトルキスタンを經て天山路に通ずる北方道路も、共に太古以來引續き存在せる東西連絡の商業道路と思考せざるべからず。而てバビロニア人は歷史以前に早く東方に蔓延し、エラム一帶の地方、ザグロス山間所在の溪谷、悉く其範圍に歸しまた早く東北方に進出し、アッシリア、アルメニアに植民して山地の民と交通を開けり。彼等の勢力、彼等の足跡何くにまで及びしや之れを確知するに由なしと雖も、既に坦々たる商業道路の存したる以上、彼等が年々送遣する所の隊商は、往々地方的交易を以て滿足することなく、支那印度の特產物を尋ねて遠く東進するものありしを想像するに足る。陸上に將た海上に商業道路の開けたるは卽ち移住の道路の開けたる所以にして、移住の動機の形蹟とはバビロニアの歷史に於て頗る乏しからざりし所なり。

富と勢力と榮譽との中心たるバビロニアの地は、四方諸民族の窺窬する所となりて、古來邊境常に穩かならず。然れども眞に民族闘爭の中央舞臺となりて、生民塗炭の苦を嘗むるに至れるは紀元前凡そ二千三百年を以て始めとす。この時アモリツト民族バビロンを占領して北より殺到し、ヱラム民族ラルサを侵略して東より壓迫し、イシン王朝之れが爲に倒れてシュメール系バビロニア民族の勢力頓に凋落し、爾來歴史的には其跡を絕てり。シュメール諸都市の王侯貴紳、難を遁れて何くに去りしや得て知るべからずと雖も、彼等が唯一の遁路は波斯灣に在りしこと、地理の關係上必然の事實なると同時に、他方に於て印度の文化を見れば、明かにシュメール分子の認め得らるるは頗る重要の論材なり。また紀元前千九百年小亞細亞のハツチ民族大擧してバビロニアを侵し、首都はその陷る、所となりてバビロンの第一王朝之れがために滅ぶ。ハツチ退いて、後東北山地のカツシ民族バビロニアを占領して第三王朝を經始し、セミツト系バビロニア民族は一時草莽の間に閉息して其餘喘を保つのみ。當時第一王朝の王侯貴紳、難を北方に避けてアツシリアに留るものありたるは史蹟の存する所なれども、之れと同時にまた途を東方ザグロスに取りてイラン高原に遁れたるものあるは論を竢たず。第三王朝內に其勢力を確立し、外にヱラムを經略するに及んで、彼等亡命者は益々深く東方に向て去らざるを得ざりしなり。紀元前千三百年アツシリア時代に入りてより、紀元前五百三十八年新バビロン帝國の倒壞したるまで、新なるセミツト系の諸氏族屢々舞臺の上に現はれ、其都度バビロニアは修羅の街となり、王朝の興亡幾んど走馬燈の觀あり。彼等の內、波斯灣頭沼澤の地を以て根據となすものあり。エラムを以て後援とするものあり。その失脚して退く所は明かなれども、アッシリアの第三帝國興りて四方を掃蕩するに及び、王侯貴紳のまた海路を取りて遁るゝものありしは論を竢たず。その陸路を遁るゝものは、アッシリア帝國の勢力範圍が中央亞細亞に向て擴張する毎に、愈々深く東方に去らざるを得ざりしと同時に、他方に於て支那の文化を見れば、明かにバビロニア分子の認め得らるゝは頗る重要の論材なり。

東海の瀛洲、東方の樂土等に關し、後世の思想に類するものが古きバビロニア人の間にも存しありや否やは予は之れを知らず。然れども日の神御尊崇の民にして東部亞細亞に移動すべく餘儀なくされたるものが、其安住の地を求めつゝ、日出處を目標として東方に厲進したるべきは自然の勢なり。予はバビロニアの亡命者が總て日の神の信徒なりしと謂ふにはあらず。唯だバビロニアの神々その名目は何にもあれ、實質上日の神と密接の關係に立たざるものなく、バビロニアの宗派その祭神は何にもあれ、根底に於て日の神を尊崇せざるものなしとのことを謂ふのみ。バビロンの日の神マルドクが一神教的發達を遂げ衆神は唯その權化となりたる後の時代に在りては言ふに及ばず、各都市各派の宗教を奉じたる時代にありても、諸神多くは日の神の變態たりしに過ぎず。然らざるものは日の神と提携してのみ信徒の信仰を維持し得たるなり。エレクの大母神、生產繁殖の功德を以て名高かりし女神さへ、日の神を其兄としたりき。ウル王朝の守護神として長く威力の盛んなりし月の神さへ、日の神を其子としたりき。最古の時代に於て、神の性質が未だ分化作用を受けざりし當時に在りては、一面に於て他の神なれども一面に於ては日の神なるを例とす。エリドのエアを看よ魚形を有する海神なるは明かなれども、また朝な々々海より出て、陸に上りて文化を傳え、夕な々々海に向て歸り去る日の神ならずや。日の恩德の尊崇が斯くまでに衷心を支配したるバビロニアの亡命者は、假令何神の信徒にてあれ、擧つて東方景慕の直感を有す。彼等は果てしなき亞細亞の大陸を行き盡して、海の彼方に絕東の島嶼を看出すとき、猶ほ之れに向て安住の理想を繫がんとはするなり。況や海上彼等を印度馬來に運びたる同じ海流は、日の神の嚴かなる招きによるかの如くに一路、豐秋津島の沿岸にまで輸送せずんば已まざるに於てをや。

以上は予がバビロン學講究中の副産物にして種々の缺點を含み、日本民族問題に對して何等斷定的意見を支持するものにあらずと雖も、一種の方法論として學界を警醒するに足るは予の疑はざる所なり。之が完成に就ては固より多數學者の協力を要す。神話學者、宗教學者、言語學者、その他人文科學の各部門を專攻する學者が、各自擔當の方面より、我國とバビロニアを比較研究するの日に於て、日本民族問題は始めて最後の斷定を見んとす。而て是等學者の先鞭を著けたるものは實に我三島君なりとす。君夙に日本民族團結の機軸に著想し、其該博なる知識を以て仔細に其獨占場裡に檢按し、以て神社方面の極めて困難なる研究を遂げ、予の期待に對して最初の反響を與えられたるのみならず、其研究の結果、予の提唱が妄りに齊東野人の語を放ちて學界を騷がすものにあらざるを論證せられたり。是れ予の最も幸慶とする所にして、大に君の勞を感謝すると同時に、潛かに予自身の爲に祝せんと欲する所なり。

大正十五年十二月

バビロン學會の研究室に於て

原田敬吾　記す

「天孫人種六千年史の研究　三」

解説

板垣英憲

「太古天孫人種系氏族分布図」を見ると、シュメール・バビロニアから海路を渡ってきた天孫人種は、噴出するマグマが金鉱脈をつくる火山列島からなり、後世「黄金の国・ジパング」と呼ばれるようになる日本列島南端の九州に上陸し、瀬戸内海を経て、紀伊半島から東海地方を通り、信州信濃、さらに房総半島に辿り着いた。この間、各氏族が先着順に各地に定着し、後に豪族となっていった。

天孫人種は、タルシシュ船（宝船）をつくる造船技術と航海術に長け、金銀銅水銀、砂鉄・鉄鋼など鉱物資源採掘の技術者を多く従えていた。鉱物資源採掘の技術者は、その姿から「犬族、蟻族」などと呼ばれた。とくに「丹生」と呼ばれた水銀は、顔料の原料となり、金銀銅採掘にもつながることから、権力者の利権として独占された。

天孫人種は、スメラミグト＝天皇が、神祇職「物部」と祓詞を読む神職「物部」、神食を司る神職「中臣」、神託を求める神職「猿女君」、久米直（クメノアタエ）＝古代日本における軍事氏族、大伴氏（宮廷を警護する皇宮警察や近衛兵のような役割、佐伯氏とは同族関係）など警護・防衛を担当する防人、地方を統治する豪族を従えていた。

『天孫人種六千年史の研究』は、１９２７年（昭和２年）11月に刊行された。このころの国内外の情勢は、以下の通りであった。

第一次世界大戦（１９１４年《大正３年》７月28日〜１９１８年《大正７年》11月11日）終戦から９年経ていた。

日本は、連合国（仏、英、ロ、米、伊など）につき、敵である中央同盟国（ドイツ帝国、オーストリア＝ハンガリー帝国、オスマン帝国、ブルガリア王国など）と戦って勝利した。

第１次世界大戦の最中１９１６年（大正５年）５月16日、大英帝国、フランス、ロシア帝国は、オスマン帝国を分割する「サイクス・ピコ協定」（秘密協定）を締結した。帝国主義国が、石油資源争奪戦争により、現在のシリア〜イラクにかけての砂漠の上に線を引き、分割した。日本は、１９１７年２月には、特殊艦隊を編成して地中海に派遣し、連合国側の艦船の護衛に当たった。日本の艦隊は、７８８隻の連合国側の輸送船や病院船を護送し兵員70万人を輸送。１９１７年（大正６

年）6月11日、護衛任務を終えマルタ島へ帰還の途上、敵潜水艦の魚雷が命中し艦首切断、上原太一艦長以下59人が戦死した。その後、イギリス工廠で修理の上再就役し、艦長は蒲田静三が引き継いだ。

第1次世界大戦中のアラブと言えば、英国映画『アラビアのロレンス』（デヴィッド・リーン監督、ピーター・オトゥール主演。アカデミー賞7部門を受賞。1962年）を思い出す。

【あらすじ】は、以下の通りである。

1914年（大正3年）、第一次大戦中のアラブ、砂漠の利権を狙い侵攻するトルコ軍とアラブ人たちとの激突や大英帝国の介入などが背景となっている。激動するアラブ社会に赴いた英国陸軍エジプト基地地図作成課の中尉、トマス・エドワード・ロレンスは、現地民であるベドウィン族の知識に長けていることからアラビアに派遣され、風変わりな男として、トルコへの反乱に意気込むアラブ民族の現状を確かめに向かった。そこでロレンスは、オスマン帝国から独立するために闘争を指揮しているファイサル王子と会い、英国へ協力してくれるように依頼する工作任務を行うこととなる。

酋長アリと協力し、ロレンスはラクダに乗って広大な砂漠を旅しながら敵対するオスマン帝国との戦いに臨む。

しかし、ロレンスは反乱軍の非力を痛感し、アラブ種族をまとめ上げてゲリラ戦へ打って出る。

やがて、トルコの一大拠点をめぐって激闘を展開し、勝利する。さらにゲリラ戦の指揮官として新しい任務を与えられ、トルコ軍を打倒することに成功する。

だが、一方でアラブ同士の争いが起こり、ロレンスも尽力むなしく徐々に孤立していく。ロレンスの苦悩を中心に、砂漠の一大戦争スペクタクルを展開していく名シーンも多い。ベドウィン族の戦闘部隊が一瞬の内に一村を壊滅させるシーン、疾走する列車を爆破するシーン他、その迫力は圧倒的だった。

サイクス＝ピコ秘密協定の内容は以下の通り。

・シリア、アナトリア南部、イラクのモスル地区をフランスの勢力範囲とする。
・シリア南部と南メソポタミア（現在のイラクの大半）を英国の勢力範囲とする。
・黒海東南沿岸、ボスポラス海峡、ダーダネルス海峡両岸地域をロシア帝国の勢力範囲とする。

この協定は、英国が中東のアラブ国家独立を約束したフサイン・マクマホン協定や英国がパレスチナにおけるユダヤ人居住地を明記したバルフォア宣言（１９１７年＝大正６年11月）と英国が相矛盾する三枚舌外交をしたとして批判された。ロシア革命が１９１７年３月８日～１９１７年11月７日に起こると、ウラジミール・レーニン政権によって旧ロシア帝国のサイクス・ピコ協定の秘密外交が明らかにされ、アラブの反発を強めることになった。

『天孫人種六千年史の研究』は１９２７年（昭和２年）11月に発刊されてから９年を経た１９３６

年（昭和11年）以降、発行部数が100万部近い超ベストセラーになった。陸軍士官学校と帝国陸軍大学が昭和10年代に、課外読本（副読本）に採用したのが大きく貢献した。

それは、「シリア〜イラク（チグリス・ユーフラテス流域）」、すなわち、「シュメール〜バビロニア」（日本民族の墳墓の地）が、その中心地域になるという記述に陸軍士官学校と帝国陸軍大学が大きな衝撃を受けたからであった。そして、「ペルシャ作戦」、「アラブ侵攻計画」といった机上の図上演習（シュミレーション）も行なわれたと言われている。

欧米列強による帝国主義戦争に否応なく引き摺りこまれていた大日本帝国が、中東への武力進出の正当性の根拠を『天孫人種六千年史の研究』に見出したとしても不思議ではなかった。

日本の正当性を全世界にアピールするため、恰好の言葉「八紘為宇」を日本書紀の記述「八紘為宇（掩八紘而為宇）」のなかから見出した。「八紘（あめのした）を掩（おお）ひて宇（いえ）にせむ」を、「全世界を一つの家のようにする」と解釈したのである。

第2次近衛文麿内閣が1940年（昭和15年）8月に、基本国策要綱で大東亜新秩序を掲げた際、「皇国の国是は八紘を一宇とする肇国（ちょうこく。建国）の大精神に基づく」と述べ、これが「八紘一宇」の文字が公式に使われた最初となった。近衛文麿政権が「八紘一宇」という語を述べた西暦1940年は皇紀（神武紀元）2600年に当たり、「八紘一宇」は1940年の流行語になり、政治スローガンにもなった経緯がある。

だが、大日本帝国は1941年（昭和16年）12月8日、開戦の詔勅（米國及英國ニ對スル宣戰ノ詔書）によって大英帝国と米国の2国に対して宣戦布告し、最初の作戦であるマレー作戦と、それとほぼ同時並行に行われた真珠湾攻撃を実施、日本と英国、米国との間に戦争が勃発した。東條英機内閣は1941年（昭和16年）12月12日に、支那事変（日中戦争）も含めて「大東亜戦争」とすると閣議決定した。

大東亜戦争（1941年《昭和16年》12月12日〜1945年《昭和20年》8月15日、日中戦争、太平洋戦争など複合的戦争）は、正確には大日本帝国と英国、米国、オランダ、中華民国、オーストラリアなどの連合国との間に発生した戦争であった。

太平洋戦争初期における日本軍の蘭印（オランダ領東インド）への進攻作戦は1942年（昭和17年）1月11日〜3月9日に行われた。日本軍は1月にボルネオ島に上陸、2月にはパレンバンに空挺降下し「油田占領」、3月には最大拠点ジャワ島に上陸し、連合軍は降伏した。その間かかった日数はわずか92日、日本軍の当初計画が120日であったから、快進撃であった。最大の拠点ジャワ島には3月1日に上陸、3月9日にはわずか9日で降伏に追い込み、圧勝した。

五族協和とは、日本が満州国を成立させた際に唱道された、漢族、満州族、蒙古族、朝鮮族および日本人の5種族が協同して新国の建設に当たるという理念だった。

満州国は１９３２年（昭和7年＝大同元年）から１９４５年（康徳12年）の間、満州（現在の中国東北部）に存在した国家である。

帝政移行後は「大満州帝国（大滿洲帝國）」あるいは「満州帝国（滿洲帝國）」などと呼ばれていた。日本（朝鮮、関東州）および中華民国、ソビエト連邦、モンゴル人民共和国、蒙古聯合自治政府（後に蒙古自治邦政府と改称）と国境を接していた。日本の傀儡政権であったという意見もある。

「世界最終戦論」など軍事思想家としても知られた石原莞爾（１８８９年1月18日〜１９４９年8月15日、山形県鶴岡市生まれ）は、「帝国陸軍の異端児」の渾名が付くほど組織内では変わり者だった。

明治42年（１９０９年）陸軍士官学校、大正7年（１９１８年）陸軍大学校卒業。ドイツ駐在。陸軍大学校教官などを歴任後、１９２８年＝昭和3年、中佐、関東軍参謀となり、１９３１年（昭和6年）、民国20年9月18日に中華民国奉天（現瀋陽）郊外の柳条湖で世にいう満州事変を起こした。発案者が石原莞爾で、実行したのが板垣征四郎であった。

南満州鉄道の線路を爆破し、満州（中国東北部）全土の占領を経て、１９３３年5月31日の塘沽協定成立に至る日本と中華民国との間の武力紛争において、関東軍は、23万の張学良軍を相手に僅か1万数千の軍勢で、日本本土の3倍もの面積を持つ満州全土をわずか5か月の間に占領し、軍事的にはまれに見る成功を収めた。

その後、ジュネーブ軍縮会議随員、参謀本部作戦課長などを経て、日中戦争勃発時（昭和12年＝1937年）の参謀本部作戦部長、次いで関東軍参謀副長。対ソ戦準備のため、戦線拡大に反対した。昭和14年（1939年）東亜同盟発足に伴いその指導者となる。大日本帝国陸軍関東軍参謀として満州事変と満州国建設を指揮した。昭和16年（1941年）東条英機陸相に批判的であったため、現役を追われ、最終階級中将で予備役。昭和16年（1941年）〜昭和17年（1942年）立命館大学教授。

代表的著書の『世界最終戦論』（1940年9月10日出版）では、『天孫人種六千年史の研究』のシュメール・バビロニア説に影響を受けて、シュメールに発した文明が東へ発展して日本となり、西へ発展したのが米国で、地球を一周して太平洋でぶつかるという説を立てている。

このため『天孫人種六千年史の研究』は、1945年（昭和20年）8月15日、第2次世界大戦＝大東亜戦争（日中戦争、太平洋戦争など複合的戦争）後、日本を軍事占領した連合国軍最高司令官総司令部（GHQ）により回収され、焚書にされたという。

板垣英憲　いたがき えいけん

昭和21年8月7日、広島県呉市生まれ。中央大学法学部法律学科卒、海上自衛隊幹部候補生学校を経て、毎日新聞東京本社入社、社会部、政治部、経済部に所属。福田赳夫首相、大平正芳首相番記者、安倍晋太郎官房長官、田中六助官房長官担当、文部、厚生、通産、建設、自治、労働各省、公正取引委員会、参議院、自民党、社会党、民社党、公明党、共産党、東京証券取引所、野村證券などを担当。昭和60年6月、政治経済評論家として独立。著書多数。

※本書は1927年、スメル学会より刊行された『天孫人種六千年史の研究』の復刻版です。

奪われし日本【復活版】シリーズ004
［復刻版］天孫人種六千年史の研究　三

第一刷　2023年9月30日

著者　三島敦雄
解説　板垣英憲
発行人　石井健資
発行所　ともはつよし社
〒162-0821 東京都新宿区津久戸町3-11 TH1ビル6F
電話 03-5227-5690　ファックス 03-5227-5691
http://www.tomohatuyoshi.co.jp　infotth@tomohatuyoshi.co.jp
発売所　株式会社ヒカルランド
〒162-0821 東京都新宿区津久戸町3-11 TH1ビル6F
電話 03-6265-0852　ファックス 03-6265-0853
http://www.hikaruland.co.jp　info@hikaruland.co.jp
振替　00180-8-496587
本文・カバー・製本　中央精版印刷株式会社
DTP　株式会社キャップス
カバーデザイン　takaokadesign
編集担当　TakeCO/Manapin

ISBN978-4-86742-303-5

ヒカルランド　好評既刊！

地上の星☆ヒカルランド　銀河より届く愛と叡智の宅配便

もう隠せない
真実の歴史
世界史から消された謎の日本史
著者：武内一忠
四六ソフト　本体 2,500円+税

ヒカルランド　好評既刊!

奪われし日本【復活版】シリーズ

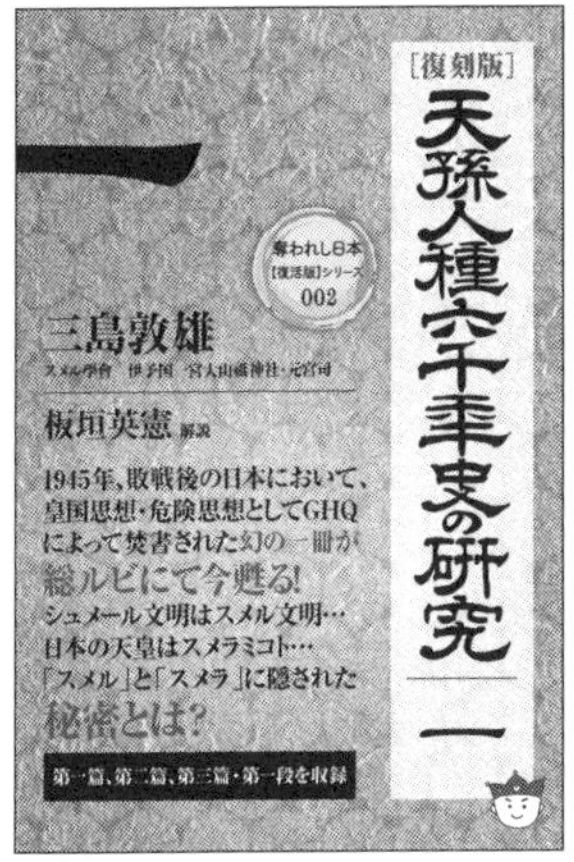

[復刻版] 天孫人種六千年史の研究
【第1巻】
著者：三島敦雄
解説：板垣英憲
四六ソフト　本体 3,000円+税

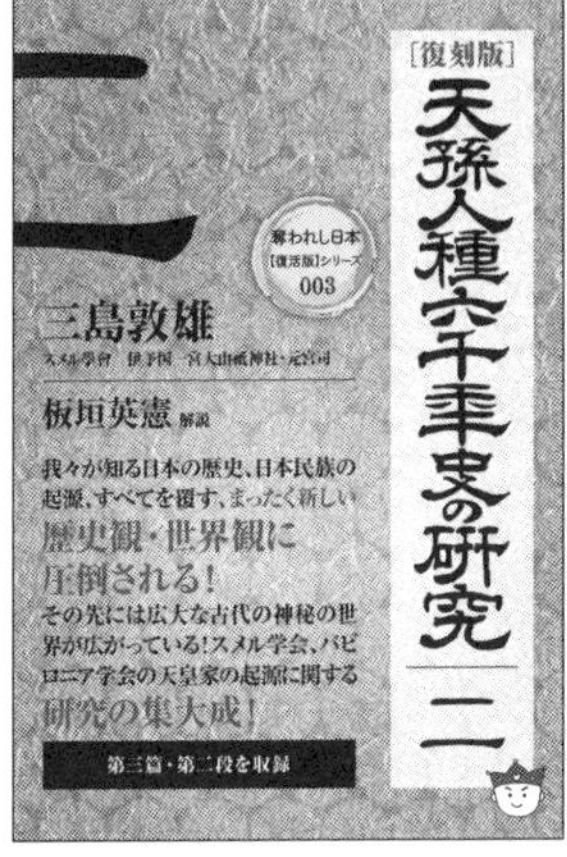

[復刻版] 天孫人種六千年史の研究
【第2巻】
著者：三島敦雄
解説：板垣英憲
四六ソフト　本体 3,000円+税

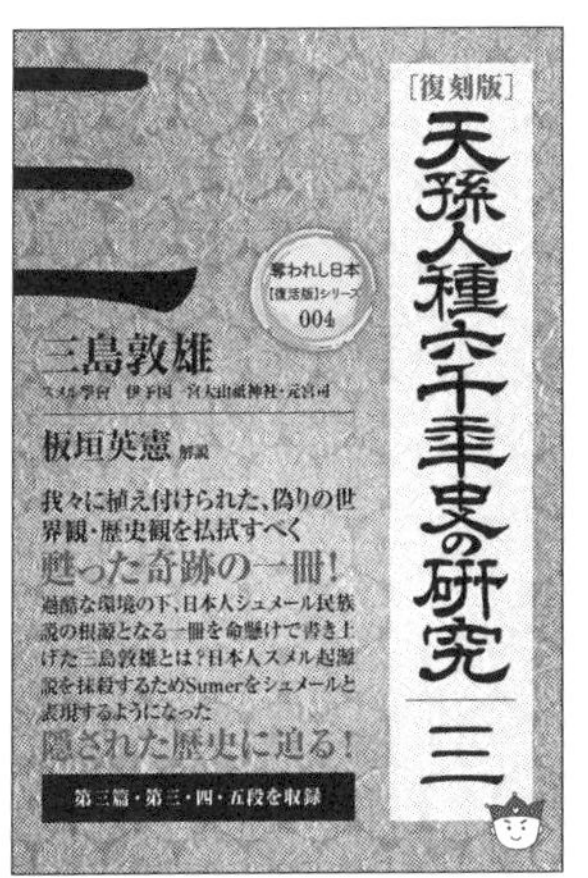

[復刻版] 天孫人種六千年史の研究
【第3巻】
著者：三島敦雄
解説：板垣英憲
四六ソフト　本体 3,000円+税

世界の正体と猶太人
著者：酒井勝軍
四六ソフト　本体 3,000円+税